BRICS: O surgimento de uma nova ordem mundial

Uma análise profunda das cinco potências emergentes - Brasil, Rússia, Índia, China e África do Sul - e seu impacto no futuro global

John Singhton

1. **Introdução aos BRICS** • Definição e história dos BRICS (Brasil, Rússia, Índia, China, África do Sul).

2. **Economia dos BRICS** • Análise das economias de cada membro e seu impacto global.

3. **Política dos BRICS** • Exame das políticas internas e externas dos países do BRICS.

4. **Relações internacionais** • Análise das relações entre os BRICS e outros atores globais.

5. **Nova Ordem Mundial** • Definição e conceitos-chave da nova ordem mundial.

6. **Impacto dos BRICS na Nova Ordem Mundial** • Como os BRICS estão moldando a nova ordem mundial.

7. **Tecnologia e Inovação** • Papel dos BRICS no desenvolvimento tecnológico e na inovação.

8. **Desenvolvimento sustentável** • Políticas e práticas de desenvolvimento sustentável adotadas pelos BRICS.

9. **Desigualdades e disparidades** • Exame das desigualdades e disparidades dentro e entre os países do BRICS.

10. **Conflitos e cooperação** • Análise de conflitos e áreas de cooperação entre os membros do BRICS.

11. **Mudança climática** • Papel e responsabilidade dos BRICS no contexto das mudanças climáticas.

12. **Estratégias de Defesa e Segurança** • Políticas de defesa e segurança dos BRICS na nova ordem mundial.

13. **Cultura e sociedade** • Impacto das culturas e sociedades dos BRICS no mundo.

14. **Instituições financeiras** • Papel das instituições financeiras do BRICS, como o Banco do BRICS.

15. **Comércio Internacional** • Análise do papel dos BRICS no comércio internacional.

16. **Globalização versus nacionalismo** • Discussão sobre como os BRICS equilibram globalização e nacionalismo.

17. **Direitos humanos** • Análise da situação dos direitos humanos nos países do BRICS.

18. **Futuro dos BRICS** • Perspectivas e desafios futuros para os BRICS na nova ordem mundial.

1. Introdução aos BRICS Definição e História dos BRICS (Brasil, Rússia, Índia, China, África do Sul)

A. Definição O BRICS representa uma associação de cinco grandes economias emergentes em todo o mundo: Brasil, Rússia, Índia, China e África do Sul. A sigla "BRICS" é derivada das iniciais dos nomes desses países. A cooperação entre os membros do BRICS está centrada em várias áreas, incluindo desenvolvimento econômico, política, diplomacia e questões relacionadas à segurança.

B. História • Primeiros anos e formação: • A cooperação inicial foi concentrada entre quatro países (Brasil, Rússia, Índia e China) antes da inclusão da África do Sul em 2010. • A ideia de uma associação entre as principais economias emergentes foi formulada pela primeira vez em 2001 pelo economista Jim O'Neill, que cunhou a sigla "BRIC" (antes da inclusão da África do Sul).

• Desenvolvimento do BRICS: • Desde a primeira reunião de ministros das finanças na Alemanha em 2006, os países reconheceram a importância da colaboração construtiva. • A primeira reunião de cúpula do BRICS foi realizada em Ecaterimburgo, Rússia, em 2009, marcando um marco crucial na formalização da colaboração entre os países.

• Entrada da África do Sul: • Em 2010, a África do Sul foi convidada a se juntar ao grupo, e a sigla foi modificada de "BRIC" para "BRICS". • A inclusão da África do Sul introduziu uma nova dinâmica dentro do grupo e expandiu seu impacto e escopo, especialmente em relação à África e aos países em desenvolvimento.

C. Evolução • Cooperação econômica: • O BRICS trabalhou na promoção do crescimento econômico e do desenvolvimento sustentável entre os países membros e globalmente. • Plataforma política e diplomática: • Além da cooperação econômica, o BRICS forneceu uma plataforma para discutir e cooperar em questões políticas e diplomáticas. • Influência global: • Com o tempo, o BRICS expandiu seu alcance, tendo um impacto significativo na dinâmica global, graças à sua crescente influência econômica e política. • Desafios e críticas: • Apesar de sendo uma economia poderosa bloco, o BRICS enfrenta vários desafios e críticas, incluindo desigualdades internas, divergências políticas e diferenças de metas e metodologias.

D. Objetivos • Fortalecer a cooperação: • O objetivo principal do BRICS é fortalecer a cooperação entre os países membros e abordar questões globais comuns. • Promover o desenvolvimento: • O BRICS visa promover o desenvolvimento econômico e social nacional e globalmente. • Equidade no Sistema Global: • Trabalhar em prol de uma ordem mundial mais justa e representativa, desafiando a ordem existente e propondo novas dinâmicas e estruturas.

Introdução aos BRICS: exploração aprofundada e outros aspectos

Dimensões geoestratégicas Os BRICS não apenas constituem um bloco econômico influente, mas também ocupam uma posição geoestratégica significativa no mundo. Suas localizações geográficas e esferas de influência regionais relacionadas têm um impacto substancial nos equilíbrios políticos e econômicos globais. Por exemplo, a China é um ator importante na Ásia-Pacífico, enquanto o Brasil tem uma posição de destaque na América Latina. Cada membro carrega não apenas o peso de sua própria economia, mas também de suas relações regionais e alianças estratégicas.

Facetas culturais A diversidade cultural entre Brasil, Rússia, Índia, China e África do Sul é notável e se expressa por meio de idioma, religião, tradições e normas sociais. Essa pluralidade cultural influencia a diplomacia e as decisões políticas dentro do bloco, gerando dinâmicas interessantes e complexas. A variedade e a riqueza das culturas representam tanto um desafio quanto uma oportunidade de cooperação entre os membros do BRICS.

Apesar da coesão em algumas áreas, existem **divergências** políticas significativas entre os países do BRICS, que se manifestam em termos de governança interna, política externa e ideologias políticas. Por exemplo, enquanto a Índia é a maior democracia do mundo, a China é governada por um único partido. Essas diferenças podem afetar a coesão do grupo e sua capacidade de se apresentar como uma entidade unida em questões internacionais.

Recursos naturais e ambientais Os BRICS são dotados de recursos naturais abundantes, incluindo petróleo, gás natural, minerais e biodiversidade. O uso e o gerenciamento desses recursos são cruciais tanto para as economias nacionais quanto para o equilíbrio ecológico global. A abordagem da gestão de recursos e do meio ambiente é outro aspecto que pode unir e dividir os membros do BRICS, dadas suas diversas necessidades, prioridades e desafios ambientais.

Dinâmica demográfica A dinâmica demográfica nos países do BRICS é de interesse significativo. Por exemplo, a Índia e o Brasil têm populações relativamente jovens, enquanto a China está passando por um envelhecimento demográfico. Essas dinâmicas influenciam a força de trabalho, a produtividade, os mercados de consumo e as políticas sociais, moldando as estratégias nacionais e internas de cada país.

Pesquisa e Desenvolvimento (P&D) Os BRICS estão ativamente engajados em pesquisa e desenvolvimento. A China, em particular, fez investimentos significativos em áreas como inteligência artificial e tecnologia 5G. O foco em P&D pode servir como uma plataforma para colaboração dentro do BRICS, onde o compartilhamento de conhecimento e a inovação podem abrir caminho para soluções compartilhadas para problemas comuns.

Segurança coletiva O conceito de segurança coletiva ganhou destaque nas discussões dentro dos BRICS, à medida que eles buscam enfrentar os desafios de segurança global enquanto equilibram a autonomia nacional e a cooperação multilateral. Os membros do BRICS colaboram em várias questões de segurança enquanto exercem cautela para preservar sua soberania e autonomia na tomada de decisões.

Educação e habilidades A educação e o desenvolvimento de habilidades são essenciais para apoiar o crescimento econômico e a inovação. Cada país do BRICS tem seus próprios desafios e metas nesse setor, que vão desde a educação básica até o treinamento avançado e o desenvolvimento de habilidades no século XXI.

Esses são apenas alguns aspectos que poderiam ser mais explorados e desenvolvidos em uma análise detalhada dos BRICS. Cada subseção pode ser aprofundada com dados, histórias e análises para criar uma compreensão multidimensional do BRICS,

oferecendo ao leitor uma visão panorâmica e detalhada do bloco e de sua dinâmica. Cada elemento também pode ser explorado por meio de entrevistas com especialistas, análises de políticas específicas e exploração de cenários futuros.

Investimentos e fluxos financeiros Os BRICS desempenham um papel essencial no cenário financeiro global. Os fluxos financeiros e os investimentos estrangeiros diretos de e para os países do BRICS se tornaram um elemento-chave no apoio ao crescimento econômico global. O Banco BRICS, formalmente conhecido como Novo Banco de Desenvolvimento (NDB), é um exemplo notável de como esses países estão buscando construir instituições paralelas que reflitam e apoiem suas aspirações e prioridades de desenvolvimento.

Questões **legais e regulatórias As questões** legais e regulatórias nos países do BRICS são diversas e influenciam o ambiente de negócios e investimentos. Diferenças na regulamentação, padrões, políticas de mercado e leis trabalhistas são temas relevantes que exigem um estudo cuidadoso para qualquer pessoa que deseje entender o funcionamento interno e a dinâmica dos BRICS, tanto individualmente quanto em bloco.

Dinâmica do mercado de trabalho O mercado de trabalho nos países do BRICS representa outra área que merece um exame detalhado. Por exemplo, enquanto a Índia e o Brasil enfrentam desafios relacionados ao crescimento da força de trabalho e à necessidade de criar novas oportunidades de emprego, a Rússia e a China estão enfrentando mudanças demográficas e o envelhecimento da população trabalhadora.

Saúde pública O setor de saúde pública nos países do BRICS é outro terreno fértil para pesquisas e análises, especialmente à luz dos desafios que surgiram durante a pandemia da COVID-19. As diferentes maneiras pelas quais cada país enfrentou a crise de saúde, suas respostas de vacinas e estratégias de distribuição oferecem informações interessantes sobre as prioridades nacionais e as capacidades de gerenciamento de emergências.

Relações com outros blocos econômicos A interação dos BRICS com outros blocos econômicos e políticos, como a União Européia, a ASEAN ou o G7, é outro aspecto que pode ser examinado para entender como essas dinâmicas influenciam a geopolítica global e a cooperação internacional. Isso inclui alianças estratégicas, tensões e colaborações com outras economias emergentes e nações desenvolvidas.

Turismo e intercâmbios culturais O turismo e os intercâmbios culturais entre os países do BRICS e o resto do mundo oferecem um terreno rico para explorar como a cultura, a arte e as tradições são compartilhadas e celebradas. Cada país do BRICS tem uma herança cultural única e uma paisagem turística distinta que pode servir como uma ponte para fortalecer os laços e promover a compreensão mútua.

Relações diplomáticas complexas Embora os BRICS, como entidade, compartilhem certos objetivos comuns, as relações bilaterais entre os membros são caracterizadas pela complexidade e pela diversidade de facetas. Por exemplo, as relações Índia-China estão repletas de desafios e oportunidades, existindo ao lado de objetivos comuns perseguidos por meio do fórum do BRICS.

Projetos de infraestrutura e desenvolvimento O papel dos BRICS no desenvolvimento de infraestrutura — tanto nacional quanto em países terceiros, particularmente por meio de iniciativas como a Iniciativa do Cinturão e Rota (BRI) da China — é outro fator que pode ser examinado para entender como esses países estão expandindo sua influência e promovendo a conectividade.

Mudança climática e sustentabilidade A posição dos BRICS sobre mudanças climáticas e sustentabilidade, bem como suas respectivas políticas nacionais e compromissos internacionais em questões ambientais, merecem uma análise aprofundada para entender as estratégias e prioridades desses países em um contexto global.

Continuar explorando cada um desses aspectos forneceria uma visão de 360 graus dos BRICS, permitindo-nos aprofundar nas dinâmicas internas e externas que moldam esse influente bloco econômico e político. Além disso, examinar como esses temas estão interligados e influenciam uns aos outros fornecerá uma visão ainda mais profunda dos desafios e oportunidades emergentes das interações entre Brasil, Rússia, Índia, China e África do Sul.

Economias digitais e cibersegurança A evolução das economias digitais nos países do BRICS revela uma série de dinâmicas que influenciam tanto o desenvolvimento interno quanto as relações externas. Embora a China seja um gigante em tecnologia digital e comércio eletrônico, outros países do BRICS também estão explorando e implementando avanços no setor digital. Em conjunto, questões de segurança cibernética, proteção de dados e privacidade se tornam cruciais, especialmente considerando as diversas posições e políticas que cada país adota em relação ao ciberespaço e à digitalização.

Direitos humanos e questões sociais As questões relacionadas aos direitos humanos e questões sociais nos países do BRICS fornecem outro campo de investigação. Cada país tem desafios e contextos específicos em relação aos direitos civis, igualdade de gênero, direitos trabalhistas e inclusão social que podem influenciar tanto a política interna quanto a percepção e as relações internacionais.

Agronegócio e segurança alimentar O agronegócio e a segurança alimentar representam outros aspectos vitais a serem explorados. Dado que os países do BRICS desempenham um papel significativo na produção global de alimentos, entender como eles gerenciam a produção, distribuição e segurança de alimentos, não apenas para seus cidadãos, mas também do ponto de vista do mercado global, é fundamental.

Militarização e Defesa A análise dos programas de militarização e das estratégias de defesa dos países do BRICS fornece uma visão sobre a dinâmica do poder e a segurança. Cada membro tem sua própria percepção de ameaças, objetivos de defesa e alianças militares, contribuindo para uma complexa rede de cooperação e, às vezes, tensão dentro do bloco.

Migração e mobilidade Os fenômenos migratórios e a mobilidade laboral entre e dentro dos países do BRICS são igualmente significativos. Da Índia e da China, conhecidas por sua significativa diáspora global, ao Brasil e à África do Sul, lidando com questões de

migração interna e regional, explorando como a
mobilidade das pessoas influencia a economia e a
sociedade se torna relevante.

Religião e identidade nacional As questões de
religião e identidade nacional, e como elas se
entrelaçam com a política e a sociedade em cada país
do BRICS, representam outra área de análise. A
coexistência de diferentes religiões e crenças e o papel
que elas desempenham na formulação de políticas
nacionais e internacionais, bem como nas relações
interestaduais, são temas que podem ser
cuidadosamente explorados.

Políticas e recursos energéticos As políticas de
energia e o uso de recursos nos países do BRICS, tanto
em termos de consumo doméstico quanto de
exportações, oferecem insights sobre a dinâmica do
desenvolvimento e os padrões do comércio
internacional. O acesso à energia e a gestão dos
recursos naturais se tornam pontos focais nas
negociações internacionais e na definição de
estratégias de desenvolvimento sustentável.

Desigualdades **sociais e econômicas As
desigualdades** sociais e econômicas nos países do
BRICS representam outra dimensão crucial. Embora
todos os cinco países tenham mostrado um
crescimento econômico significativo, existem
disparidades consideráveis em termos de distribuição

de riqueza, acesso a oportunidades e desenvolvimento humano, que se refletem em vários setores da sociedade e da economia.

Soft Power e Cultura Popular Finalmente, o soft power e a disseminação da cultura popular das nações do BRICS no contexto global podem ser examinados para entender como esses países exportam sua cultura e influenciam a dinâmica global por meio do cinema, música, arte e outras expressões culturais.

Cada ponto mencionado acima pode ser mais desenvolvido e explorado através de uma lente analítica e crítica, buscando entender não apenas as políticas e práticas atuais, mas também como elas podem evoluir no futuro e quais implicações elas podem ter nos níveis nacional e internacional. Além disso, a conexão e a interação entre esses vários temas fornecerão uma visão holística e multidimensional dos BRICS no cenário global.

Conclusão da Seção: Interseções e desafios dos países do BRICS A incorporação e análise desses diferentes aspectos em torno do BRICS delineia uma estrutura intrincada de poder, influências, desafios e oportunidades no cenário global. Os BRICS, embora atuem como um conglomerado de nações emergentes com objetivos comuns e desafios semelhantes, trazem consigo uma série de peculiaridades nacionais distintas que muitas vezes moldam suas interações dentro do grupo e globalmente.

As economias dos BRICS, embora tenham mostrado um desenvolvimento significativo e uma influência crescente nas últimas décadas, não estão isentas de desafios cruciais e contradições internas. Por exemplo, embora compartilhem a ambição de reformar as instituições financeiras internacionais e melhorar seu status em termos de governança econômica global, também existem fortes rivalidades, especialmente em termos de liderança regional e global.

Questões relacionadas às desigualdades econômicas e sociais, combinadas com vários desafios ambientais, demográficos e de direitos humanos, formam um cenário comum, mas se manifestam de maneiras diferentes em cada nação. Cada país do BRICS demonstrou resiliência e capacidade diferentes para enfrentar esses desafios, muitas vezes inspirando-se ou se diferenciando de seus colegas.

Por exemplo, a China, com sua economia massiva e abordagem autoritária de governança, apresenta um conjunto de desafios e estratégias que são marcadamente diferentes dos da Índia, que, por sua vez, tem uma democracia pluralista e uma sociedade altamente diversificada. Da mesma forma, o Brasil, com seus desafios políticos internos e recursos naturais abundantes, e a Rússia, com suas ambições geopolíticas e economia voltada para a energia, oferecem mais contrastes e comparações úteis dentro do bloco.

Além disso, a interação e o diálogo entre os BRICS e outros atores globais, incluindo países desenvolvidos e outras economias emergentes, moldam um mosaico de relações que oscilam entre cooperação e competição. A dinâmica desses relacionamentos geralmente é forjada por meio de uma combinação de fatores, como diplomacia bilateral, interesses econômicos, alianças estratégicas e questões globais, como mudanças climáticas e gestão de pandemias. Cada BRICS, portanto, representa uma única cúpula em uma rede mais ampla de relações e dinâmicas globais, cujo poder e influência são aprimorados e limitados por suas respectivas capacidades e pela complexidade dos desafios internos e internacionais. Portanto, um estudo aprofundado dos BRICS, considerando as aspirações e desafios comuns do grupo e a singularidade de cada membro, pode oferecer informações valiosas sobre a natureza multifacetada do poder e da influência na ordem mundial contemporânea. Explorar esses pontos de interseção, onde os desafios nacionais se encontram com as aspirações e dinâmicas globais, fornece uma visão penetrante das complexidades das relações internacionais contemporâneas e dos mecanismos pelos quais os países do BRICS buscam seus interesses e navegam nas águas muitas vezes tumultuadas da geopolítica global. Em resumo, a narrativa coletiva e individual dos BRICS representa uma mistura única de colaboração, competição e uma busca contínua por uma posição mais influente e reconhecida dentro do sistema global. Essa combinação de fatores e dinâmicas contribui para definir e, ao mesmo tempo, complicar a trajetória futura desses países-chave no contexto global.

2. Economias do BRICS • Análise da economia e do impacto global de cada membro.

Economias do BRICS: análise e impacto global
Os BRICS, compostos pelo Brasil, Rússia, Índia, China e África do Sul, representam uma entidade econômica significativa no cenário global. Esses países, apesar de suas diferenças culturais, políticas e econômicas, conseguiram criar uma frente comum, desenvolvendo colaborações significativas no contexto econômico global. Vamos examinar mais de perto as economias dos membros e o impacto global do grupo.

Brasil: Agricultura e Recursos O Brasil possui uma economia significativamente impulsionada pelo setor agrícola e uma abundância de recursos naturais. É um dos maiores exportadores mundiais de soja, açúcar e café e possui vastas reservas de minério de ferro e bauxita. O país enfrentou desafios notáveis, incluindo estabilidade econômica e questões sociais, como desigualdade. Sua influência dentro dos BRICS é frequentemente delineada por sua capacidade de fornecer produtos agrícolas e matérias-primas.

Rússia: Energia e poder global A economia russa está profundamente enraizada em seus vastos recursos energéticos, particularmente petróleo e gás natural. É um dos maiores exportadores de energia do mundo, posicionando o país como um ator fundamental no balanço energético global. A Rússia tem usado frequentemente seus recursos energéticos como uma ferramenta de política externa, influenciando outros países e blocos econômicos por meio da manipulação do fornecimento de energia.

Índia: Demografia e serviços A Índia é caracterizada por uma demografia única e um setor de serviços em rápido crescimento, com uma força particular em TI e software. Com uma população jovem e um grande mercado interno, a Índia costuma ser vista como um motor para o crescimento econômico futuro. No entanto, desafios como a desigualdade econômica e as tensões geopolíticas com os vizinhos influenciam sua trajetória econômica e política.

China: manufatura e influência global A China se destaca como "a fábrica mundial" com sua enorme capacidade de fabricação e crescente setor tecnológico.

A Iniciativa do Cinturão e Rota e outras estratégias globais de investimento solidificaram o papel da China como um ator econômico global influente. Sua economia, no entanto, enfrenta desafios como o aumento da dívida e as tensões comerciais com outras potências globais.

África do Sul: Minerais e desafios sociais A África do Sul, com seus abundantes recursos minerais, como ouro e diamantes, desempenha um papel fundamental na economia global de commodities. No entanto, o país enfrenta desafios sociais e econômicos significativos, incluindo desemprego, pobreza e desigualdades estruturais enraizadas em sua história, que influenciam suas perspectivas econômicas e a estabilidade regional.

Impacto global do BRICS A implicação global do BRICS é inegável. Do poder de negociação no comércio internacional aos investimentos estrangeiros diretos e à influência em instituições financeiras internacionais, o BRICS é um bloco que não pode ser negligenciado. Eles procuraram reformular as normas e regras da economia global, pressionando por uma maior representação e influência em instituições globais como o Fundo Monetário Internacional e o Banco Mundial.

Conclusão Embora unidas por objetivos comuns, as diferenças econômicas entre os membros do BRICS são significativas. Compreender a dinâmica interna de cada país e suas estratégias de interação global é crucial para decifrar as trajetórias futuras do bloco e do sistema econômico global como um todo. Uma análise detalhada de cada economia, considerando os desafios e oportunidades apresentados por cada país, bem como as tensões e colaborações dentro do grupo, fornece uma perspectiva essencial para qualquer discussão sobre o futuro da economia global e a dinâmica internacional do poder.

A natureza das economias do BRICS e seu impacto na ordem econômica global é uma questão crucial para quem busca entender a dinâmica contemporânea da geopolítica e da economia internacional. Um dos aspectos mais intrigantes dos BRICS é a diversidade de suas economias e como essa diversidade é tanto uma fonte de força quanto um potencial ponto de atrito dentro do grupo.

As economias do BRICS são distintamente diferentes, mas integradoras. Enquanto o Brasil e a África do Sul são potências agrícolas e minerais, a Rússia é uma superpotência energética. Ao mesmo tempo, a Índia tem uma economia dominada pelo setor de serviços, particularmente TI e serviços relacionados, enquanto a China é uma potência industrial global. Essa combinação de habilidades e focos econômicos potencialmente permite que o BRICS atue como um bloco econômico abrangente, capaz de se autossuficiência até certo ponto e, ao mesmo tempo, estar bem integrado à economia global.

No entanto, é essencial observar que existem disparidades econômicas e de desenvolvimento significativas entre os membros do BRICS. Embora a China tenha experimentado um crescimento econômico incrível e seja agora uma das maiores economias do mundo, outros países como o Brasil e a África do Sul enfrentaram desafios significativos em termos de crescimento econômico e desenvolvimento sustentável. Além disso, embora a Índia tenha uma das populações mais jovens do mundo, o que poderia se traduzir em um dividendo demográfico, a Rússia está enfrentando um envelhecimento da população, o que pode ter implicações significativas em seu crescimento econômico futuro e na sustentabilidade de seu modelo de bem-estar.

A questão das disparidades internacionais dentro dos BRICS também é relevante quando se considera a distribuição da riqueza dentro desses países. Por exemplo, apesar de seu impressionante crescimento econômico, a China enfrenta desafios significativos em termos de desigualdade de renda e distribuição de riqueza. Da mesma forma, a Índia tem uma das distribuições de riqueza mais desiguais do mundo, com uma parcela significativa de sua população ainda vivendo em extrema pobreza.

Esses fatores internos, combinados com os desafios externos e o ambiente econômico global, são fundamentais para entender a trajetória e as perspectivas futuras das economias do BRICS. Por exemplo, as tensões comerciais entre a China e os Estados Unidos não só têm implicações diretas para a economia chinesa, mas, dada a natureza interconectada das economias globais, têm efeitos em cascata que influenciam todos os membros do BRICS e além.

Em termos de governança econômica global, os BRICS têm procurado desafiar e reformar as instituições econômicas existentes, promovendo maior inclusão e representação para os países em desenvolvimento. A criação do Novo Banco de Desenvolvimento do BRICS é um exemplo desse esforço, com o objetivo de fornecer uma alternativa às instituições de Bretton Woods e promover modelos de desenvolvimento e financiamento mais alinhados às necessidades e prioridades dos países em desenvolvimento.

Cada membro do BRICS, com seus desafios econômicos únicos e aspirações globais específicas, traz para a mesa um conjunto de expectativas e metas que eles buscam navegar por meio da cooperação intra-BRICS e das interações com a economia global. A interação entre competitividade e cooperação, tanto dentro do bloco quanto entre os BRICS e outros atores econômicos importantes, moldará significativamente o futuro cenário econômico global.

Em um cenário em que o multilateralismo está sob pressão e o protecionismo está ganhando terreno em várias partes do mundo, os BRICS representam um interessante amálgama da cooperação Sul-Sul e a ascensão de países emergentes que buscam um assento na mesa global de tomada de decisões econômicas. Sua capacidade de negociar em bloco e propor alternativas ao sistema econômico global existente será crucial para entender e antecipar a dinâmica futura da economia mundial.

Na intrincada teia das economias do BRICS, observar as metodologias adotadas para gerenciar desafios econômicos e canalizar oportunidades se torna uma jornada essencial por meio de várias estratégias e modelos econômicos. O entrelaçamento de políticas monetárias, fiscais e comerciais, juntamente com trajetórias específicas de crescimento e desenvolvimento, fornece um mosaico de exemplos de como os estados emergentes estão se adaptando e respondendo às pressões e desafios do ambiente econômico global.

Embora os membros do BRICS tenham construído um certo grau de solidariedade como grupo, eles também exibem várias formas de rivalidade econômica e contrastes. Por exemplo, a concorrência entre a Índia e a China em vários setores, incluindo tecnologia e entrada em mercados globais, criou uma dinâmica cooperativa e competitiva. As tensões políticas e militares, particularmente ao longo de suas fronteiras comuns, complicaram ainda mais a relação econômica, influenciando o comércio bilateral e os investimentos estrangeiros diretos.

Da mesma forma, Brasil e China, apesar de serem parceiros comerciais significativos, também são concorrentes em certos mercados de exportação, como os da América Latina e da África, onde ambos buscam expandir sua influência econômica e política. A natureza dessas interações exemplifica como alianças econômicas como o BRICS podem acomodar simultaneamente elementos de cooperação e competição entre seus membros.

As questões de dívida são outro aspecto fundamental na exploração das economias do BRICS. Enquanto alguns membros, como a China, acumularam reservas significativas em moeda estrangeira, outros, como o Brasil, enfrentaram desafios relacionados à dívida externa e à dependência de importações. A África do Sul, por sua vez, enfrentou questões relacionadas à dívida pública e ao crescimento estagnado, ainda mais complicadas pelo impacto econômico da pandemia da COVID-19.

O relacionamento dos BRICS com nações fora do bloco é outra vertente vital de discussão. Enquanto buscam coordenar suas políticas e projetos econômicos, os BRICS também interagem ativamente com nações não pertencentes ao BRICS, tanto bilateralmente quanto por meio de fóruns multilaterais. A abordagem adotada pelos BRICS em relação a nações economicamente poderosas como os Estados Unidos, a União Europeia e o Japão, bem como em relação a outros países em desenvolvimento na Ásia, África e América Latina, tem uma influência significativa nos fluxos comerciais globais, nos padrões de investimento e na dinâmica da geopolítica econômica.

A forma como os BRICS se posicionam nas cadeias globais de valor é outra dimensão relevante para entender suas economias. A China, por exemplo, está profundamente integrada às cadeias globais de valor, tornando-se um ponto nodal para a produção e exportação de produtos manufaturados. A Índia, por outro lado, tem buscado aumentar sua participação nas cadeias globais de valor, particularmente no setor de serviços, mas tem sido prejudicada por vários desafios, incluindo a necessidade de reformas na manufatura e na infraestrutura.

O diálogo contínuo sobre mudança climática e sustentabilidade também tem implicações significativas para as economias do BRICS, que foram forçadas a equilibrar a necessidade de crescimento econômico com a pressão global para adotar práticas mais sustentáveis e reduzir as emissões de carbono. A transição para uma economia verde representa um desafio adicional, dada a dependência de alguns membros do BRICS das exportações de recursos naturais e da produção intensiva em energia.

A multidimensionalidade das economias do BRICS, com suas várias facetas de colaboração e competição, não apenas dentro do bloco, mas também em um contexto global mais amplo, reflete a complexidade de suas interações econômicas e seu impacto na arquitetura econômica global. Os cenários futuros dependerão de como esses países lidarão com suas divergências internas e, ao mesmo tempo, construirão uma frente unida nas negociações econômicas globais e de como eles reagem e se adaptam às dinâmicas e desafios em evolução da economia mundial.

As economias dos BRICS, embora imbuídas de dinamismo e resiliência, não estão imunes às vulnerabilidades, que se manifestam de várias maneiras e em vários setores. Considerando o reino das moedas, sua estabilidade e força nos mercados financeiros globais têm sido objetos de análise e discussão. A rupia indiana e o rand sul-africano, por exemplo, mostraram uma volatilidade significativa em relação ao dólar americano e outras moedas fortes, enquanto o rublo russo passou por períodos de instabilidade devido em parte a fatores geopolíticos e às flutuações dos preços da energia.

Além disso, o setor de tecnologia, representando uma parte vital e crescente da economia global, traz vários desafios e oportunidades para os países do BRICS. Embora a China tenha alcançado níveis avançados no setor de tecnologia, com empresas como Alibaba e Tencent mantendo uma presença global significativa, a Índia mostrou um crescimento explosivo em seu ecossistema de startups, criando inovações e soluções em tecnologia digital, fintech e muito mais. A Rússia solidificou sua presença nos setores de segurança cibernética e tecnologia da informação, enquanto o Brasil e a África do Sul buscam aprimorar seus próprios setores de tecnologia por meio de investimentos e parcerias.

Outra dimensão que merece uma reflexão profunda é a da sustentabilidade econômica e ambiental. Enquanto essas nações buscam expandir seu crescimento econômico, a pressão para fazê-lo de maneira ambientalmente sustentável e socialmente responsável está aumentando. A China, por exemplo, enfrenta o desafio de equilibrar sua rápida industrialização com a necessidade de reduzir as emissões e minimizar o impacto ambiental. Além disso, a questão da sustentabilidade também abrange desafios sociais, como equidade, inclusão e justiça social, elementos essenciais para garantir um crescimento que beneficie toda a sociedade.

Os fluxos de investimento entre os países do BRICS e além do bloco representam outro aspecto crucial. Cada um desses países está buscando ativamente atrair investimento estrangeiro direto (IED) para catalisar o desenvolvimento e o crescimento econômico e, ao mesmo tempo, expandir seus horizontes de investimento globalmente. A Iniciativa do Cinturão e Rota da China é um exemplo emblemático de como uma nação do BRICS está buscando moldar a dinâmica econômica global por meio de investimentos em infraestrutura em grande escala.

Em termos de política interna, cada uma das economias do BRICS enfrenta desafios distintos relacionados à demografia, governança e estabilidade social. A Índia, com sua população incrivelmente jovem, enfrenta pressão para criar oportunidades de emprego e apoiar o crescimento econômico que possa absorver a enorme coorte de jovens que entram no mercado de trabalho a cada ano. O Brasil, por outro lado, deve abordar questões relacionadas à desigualdade social e econômica, enquanto a Rússia se depara com os desafios impostos pelo envelhecimento da população e pela necessidade de diversificar sua economia.

A questão dos direitos humanos e das liberdades civis, da governança democrática e do estado de direito também está entrelaçada com o discurso econômico. A forma como cada país do BRICS aborda essas questões influencia a percepção global, os investimentos estrangeiros e as relações bilaterais e multilaterais. Ser capaz de enfrentar os desafios da governança interna enquanto busca o crescimento econômico e mantém uma posição de força e cooperação no cenário global é uma dinâmica crucial e complexa dentro das estratégias econômicas dos BRICS.

De qualquer forma, a influência dos BRICS e seu impacto no mundo vão além do mero domínio econômico, infiltrando-se nas esferas política, cultural e social em nível global. Compreender essas esferas diversas, complexas e interconectadas requer uma análise aprofundada que integre vários setores e disciplinas, examinando a dinâmica interna e externa para fornecer uma estrutura holística de suas trajetórias e implicações futuras.

No cenário das economias do BRICS, o equilíbrio entre manter o crescimento econômico e gerenciar a desigualdade surge como um ponto de atrito crucial. Essas nações experimentaram expansões econômicas significativas; no entanto, em muitos casos, isso não necessariamente levou a uma distribuição equitativa da riqueza. Por exemplo, em países como o Brasil e a África do Sul, onde a desigualdade econômica é particularmente pronunciada, a lacuna entre os setores mais ricos e mais pobres da sociedade continua sendo uma questão política e social significativa. A distribuição equitativa de recursos, oportunidades educacionais e acesso à infraestrutura vital são questões que afetam a sustentabilidade do crescimento econômico e do desenvolvimento.

Por outro lado, há a questão da integração das economias do BRICS no contexto da economia global, não apenas em termos de comércio, mas também em relação às redes globais de produção e distribuição. Por exemplo, a crise global de saúde revelou a resiliência e as vulnerabilidades das cadeias de suprimentos globais, destacando a dependência de certos países (como a China) por produtos e materiais essenciais, bem como as vulnerabilidades associadas a esse tipo de interdependência. Equilibrar a promoção da autossuficiência nacional com o incentivo à integração econômica global continua sendo uma questão delicada para as economias do BRICS.

Além disso, à medida que os BRICS buscam aumentar seu peso e influência na economia mundial, eles também precisarão navegar nas águas às vezes tumultuadas das relações internacionais e da geopolítica. As tensões entre os países membros, como as entre a Índia e a China, bem como as tensões com outras entidades econômicas globais, inevitavelmente moldarão o caminho que os BRICS tomarão no futuro.

Gerenciar essas tensões e manter relações bilaterais e multilaterais construtivas será essencial para seu sucesso coletivo e individual no cenário global.

A energia representa outro setor fundamental na análise das economias do BRICS. À medida que o mundo muda gradualmente para fontes de energia mais limpas e sustentáveis, os BRICS, juntos representando uma parcela significativa do consumo global de energia, têm um papel crucial a desempenhar nessa transição. A China e a Índia, em particular, devido às suas enormes populações e indústrias em expansão, têm um impacto significativo nos padrões globais de consumo de energia. Sua capacidade de implementar tecnologias de energia renovável e promover práticas sustentáveis dentro de suas fronteiras terá uma influência substancial na eficácia dos esforços globais para combater as mudanças climáticas.

O tema da inovação e adoção tecnológica percorre todos os setores das economias do BRICS. A capacidade de gerar, adotar e disseminar novas tecnologias não apenas impulsiona o crescimento econômico, mas também facilita a solução de problemas sociais, econômicos e ambientais. A inovação não se limita à tecnologia digital, mas se estende a todos os setores, incluindo a agricultura, onde a adoção de práticas agrícolas sustentáveis e inovadoras pode ter um impacto significativo na segurança alimentar, no gerenciamento de recursos e no meio ambiente.

A educação e o desenvolvimento de habilidades representam outro pilar crucial dentro do mosaico das economias do BRICS. A capacidade dessas nações de desenvolver talentos e habilidades que atendam às necessidades de suas economias em evolução, e de fazê-lo de forma equitativa e acessível, afetará significativamente sua capacidade de sustentar o crescimento econômico e a estabilidade de longo prazo. A educação não apenas estimula a inovação e o crescimento econômico, mas também contribui para promover uma cidadania informada e engajada, essencial para a governança estável e o desenvolvimento social.

Assim, ao navegar pela vasta rede de desafios e oportunidades apresentados pelas economias do BRICS, é crucial reconhecer a interconexão de vários setores e questões e como as decisões e políticas em uma área inevitavelmente influenciam outras. Essa interdependência ressalta a importância de uma abordagem holística e integrada para entender e orientar o desenvolvimento futuro dos BRICS no contexto global.

Em conclusão, o perfil econômico dos BRICS se destaca como uma paisagem rica e complexa, onde trajetórias de crescimento, desafios inerentes e perspectivas futuras das cinco economias emergentes interagem em um sistema de influências e dependências mútuas com o ambiente econômico global.

A heterogeneidade de suas economias, com a China emergindo como uma superpotência econômica global, a Índia apresentando um potencial de crescimento substancial, a Rússia equilibrando sua economia entre desafios e oportunidades, o Brasil navegando pela complexidade de suas disparidades internas e a África do Sul buscando um caminho de desenvolvimento sustentável, representa um mosaico econômico no qual cada um desses estados assume papéis diferentes, mas integrados, no contexto dos BRICS.

A diversificação de suas bases econômicas, o equilíbrio entre indústria e agricultura, o setor de serviços e a capacidade de gerenciar e implementar inovações tecnológicas são elementos fundamentais que determinam a direção de suas economias. Superar a necessidade de garantir o crescimento e o desenvolvimento e, ao mesmo tempo, manter um equilíbrio com a proteção ambiental, a sustentabilidade social e o gerenciamento de recursos naturais apresenta desafios significativos, mas também oferece insights sobre modelos alternativos de desenvolvimento econômico.

Da mesma forma, a questão das desigualdades socioeconômicas, tanto internamente quanto no contexto das relações internacionais, surge como uma preocupação predominante. A capacidade dos BRICS de lidar com as desigualdades internas promovendo uma inclusão econômica e social mais ampla e de estabelecer relações internacionais que não exacerbem ainda mais as disparidades existentes será crucial para seu caminho futuro e para a evolução de seu papel global.

Além disso, a interação entre política e economia na dinâmica do BRICS ressalta como os caminhos econômicos perseguidos por esses países estão intrinsecamente ligados às suas estratégias geopolíticas, dinâmicas internas e ambições globais. As tensões políticas, tanto internamente quanto entre os países do BRICS, poderiam servir como catalisadores ou inibidores dos processos conjuntos de cooperação econômica, influenciando assim a forma e a substância das iniciativas econômicas conjuntas e a estabilidade da própria coalizão do BRICS.

Finalmente, os BRICS, com seu crescente peso econômico e influência no cenário mundial, são chamados a navegar por uma ordem econômica global transformadora, conciliando suas próprias aspirações com as responsabilidades que emergem de sua crescente influência. A capacidade de equilibrar os interesses nacionais com os do coletivo global, e de fazê-lo de uma forma que não apenas garanta o crescimento econômico e o desenvolvimento, mas também promova a sustentabilidade, a equidade e a estabilidade, será essencial para moldar não apenas o futuro dos BRICS, mas também a economia global como um todo.

A análise das economias do BRICS, portanto, deve ser conduzida com uma perspectiva que transcende as métricas econômicas individuais e incorpore uma avaliação holística e integrada dos múltiplos fatores, dinâmicas e desafios que moldarão seu futuro e o papel que desempenharão na definição da ordem econômica global nas próximas décadas.

3. Políticas do BRICS Exame das políticas internas e externas dos países do BRICS.

A política do BRICS, composta por Brasil, Rússia, Índia, China e África do Sul, abrange uma ampla gama de questões e desafios, pois esses estados exibem uma diversidade significativa em suas estruturas políticas,

prioridades políticas e orientações ideológicas.
Examinar as políticas internas e externas dessas nações
pode esclarecer como elas se influenciam mutuamente
e moldam o contexto geopolítico e geoeconômico
global.

Políticas internas

Brasil O Brasil, com seu sistema democrático e
economia emergente, enfrentou várias questões
internas, incluindo corrupção política, tensões sociais e
desafios relacionados à sustentabilidade do
desenvolvimento econômico e da justiça social. A luta
contra a pobreza e a desigualdade, juntamente com a
gestão dos recursos naturais e da biodiversidade,
representa questões políticas centrais.

Rússia A Rússia, guiada por um modelo de poder
centralizado, enfrenta dilemas associados à gestão da
diversidade étnica e religiosa interna, a uma economia
baseada em recursos energéticos e às tensões com o
Ocidente. Questões relacionadas às liberdades civis, à
democracia e ao papel das instituições independentes
também são relevantes.

Índia A Índia, a maior democracia do mundo,
enfrenta desafios relacionados ao pluralismo religioso
e étnico, às desigualdades sociais e econômicas e ao seu
rápido desenvolvimento. Equilibrar crescimento
econômico, proteção ambiental e inclusão social
representa um nó crítico.

China A China, sob o Partido Comunista, conduz a gestão do crescimento econômico, da estabilidade social e da afirmação de seu modelo de governança. Questões como direitos humanos, liberdade de expressão e gestão da inovação tecnológica são aspectos relevantes.

África do Sul A África do Sul, com sua história de apartheid e desafios atuais relacionados à desigualdade econômica, corrupção e gestão de tensões sociais, segue um caminho político focado na reconciliação, renovação econômica e justiça social.

Políticas externas

Cooperação e concorrência Os BRICS trabalham juntos em algumas áreas, como finanças e desenvolvimento, mas também exibem concorrência, especialmente em termos de influência global e acesso a recursos.

Governança Global Os BRICS buscam ativamente redefinir e reformar as instituições de governança global, visando maior peso e representação para as economias emergentes.

As relações **de segurança global** entre os países do BRICS e outros atores globais são cruciais na gestão de questões como terrorismo, proliferação nuclear e conflitos regionais.

Meio Ambiente e Desenvolvimento Sustentável
O compromisso conjunto de lidar com as mudanças climáticas e promover o desenvolvimento sustentável, mantendo suas agendas de crescimento econômico, é uma área fundamental da política externa.

Comércio e investimentos Enquanto se esforçam para desenvolver seus mercados domésticos, os BRICS também se engajam ativamente na criação de oportunidades globais de comércio e investimento, às vezes por meio de acordos bilaterais e multilaterais.

A convergência das políticas internas e externas do BRICS gera um diálogo contínuo entre a necessidade de abordar questões domésticas e a ambição de criar um papel influente no cenário internacional. Cada país traz suas próprias forças, desafios e expectativas para a mesa de cooperação do BRICS, buscando traçar um caminho que proteja não apenas os interesses nacionais, mas também promova uma ordem mundial mais inclusiva e equitativa. Explorar a dinâmica política dentro e entre os BRICS, portanto, oferece uma janela para observar as tensões, alianças e aspirações que moldam o mundo contemporâneo.

Cada país do BRICS apresenta uma matriz política única, revelando uma mistura de convergências e divergências que estimulam tanto a colaboração quanto o contraste no cenário internacional. A fluidez de suas políticas internas e externas representa uma dinâmica fascinante entre os interesses nacionais individuais e o interesse coletivo da coalizão BRICS.

À medida que exploramos mais detalhadamente as políticas externas dos países do BRICS, fica evidente que, embora esses países busquem promover uma ordem mundial mais multipolar, cada uma de suas abordagens está profundamente enraizada em seus próprios desafios e aspirações nacionais. Por exemplo, a China adotou a iniciativa "Um Cinturão, Uma Rota" (OBOR) para ampliar sua influência econômico-política por meio de uma extensa rede de países. Por outro lado, a Índia manteve um equilíbrio cauteloso entre seu compromisso com o BRICS e seus laços crescentes com as democracias ocidentais, particularmente por meio do Quad, um fórum de diálogo estratégico que também envolve os Estados Unidos, o Japão e a Austrália.

Em relação à **política interna**, questões como democracia, direitos humanos e governança se tornam ainda mais cruciais. Tomemos o Brasil, por exemplo: sua dinâmica política interna tem sido caracterizada por polarizações significativas, com implicações diretas em sua política externa e interações dentro dos BRICS. Da mesma forma, na África do Sul, o tema dominante da luta contínua contra a desigualdade econômica e social, que ressoa fortemente em sua política externa, busca criar alianças Sul-Sul e promover uma ordem internacional mais justa.

Além disso, os BRICS têm feito esforços para coordenar suas políticas em vários fóruns internacionais, incluindo aqueles relacionados ao comércio, clima e segurança. Apesar de suas divergências, como visto em contrastes em relação a questões como a reforma das instituições financeiras internacionais ou o apoio a regimes ou movimentos específicos, houve uma certa coerência em seu compromisso coletivo de desafiar a ordem mundial dominada pelo Ocidente.

A questão dos direitos humanos e da democracia, muitas vezes abordada de forma desigual pelos países do BRICS, ressalta as diversas filosofias de governança e valores políticos que existem dentro do grupo. Enquanto alguns países enfatizam fortemente a soberania e a não interferência, outros exploram formas de conciliar o respeito pelos direitos humanos universais com o desejo de manter relações bilaterais estáveis.

Em termos de comércio e economia, os BRICS buscam articular uma visão compartilhada de desenvolvimento sustentável e crescimento inclusivo, ao mesmo tempo em que enfrentam a rivalidade e a competição, tanto dentro do grupo quanto com atores externos. Por exemplo, as tensões comerciais entre a Índia e a China ou a competição no setor de energia entre a Rússia e o Brasil fornecem uma estrutura para entender as complexidades e os desafios inerentes ao gerenciamento de relações entre países com ambições globais e regionais.

No contexto da segurança global e da paz, os BRICS demonstraram uma combinação de cooperação e discordância. Por exemplo, embora tenha havido um certo grau de consistência no apoio ao princípio de não interferência nos assuntos internos dos estados, os BRICS mostraram divergências em questões como a crise na Síria ou a questão nuclear iraniana, refletindo as várias preocupações de segurança e objetivos estratégicos de cada membro.

Como coalizão, os BRICS continuam explorando caminhos para uma integração mais profunda e a promoção de seus objetivos comuns no cenário global, apesar das tensões e desafios decorrentes de suas realidades políticas únicas e das divergências em valores e interesses nacionais. Sua trajetória futura continuará a oscilar entre cooperação e competição, oferecendo uma visão fascinante e complexa da geopolítica global.

Dentro da estrutura das políticas do BRICS, temas de justiça social, inovação e sustentabilidade emergem como fios comuns que chamam a atenção nos níveis nacional e internacional. Aprofundando-se nesse intrincado tecido, podemos descobrir outras nuances que refletem como essas nações enfrentam desafios e oportunidades emergentes na ordem mundial contemporânea.

Por exemplo, o impacto da digitalização e das novas tecnologias é evidente em toda a coalizão. A China tem pressionado vigorosamente pela liderança no setor de tecnologia, explorando o reino da moeda digital e buscando estabelecer novos padrões para a Internet do futuro. Por outro lado, a Índia usou a inovação digital para enfrentar desafios nacionais, como inclusão financeira e acesso a serviços de saúde, ao mesmo tempo em que equilibra a inovação com questões relacionadas à privacidade e segurança de dados.

A forma como os BRICS navegam nas águas da globalização e do nacionalismo econômico representa outro aspecto intrigante. Enquanto o Brasil, por exemplo, tem um histórico de oscilação entre políticas abertas e estratégias mais protecionistas, a Rússia equilibrou seu desejo de atrair investimentos estrangeiros com a necessidade de proteger seus principais setores. Enquanto isso, a África do Sul tem procurado equilibrar a necessidade de investimento estrangeiro com o imperativo de promover o desenvolvimento local e o empoderamento econômico negro.

Os desafios climáticos representam outro prisma através do qual explorar as políticas do BRICS. O imperativo global de lidar com as mudanças climáticas faz com que essas nações equilibrem a necessidade de crescimento econômico com a pressão para adotar medidas sustentáveis. Por exemplo, embora a China tenha anunciado planos ambiciosos para alcançar a neutralidade de carbono até 2060, ela ainda deve equilibrar essa meta com sua dependência de curto prazo do carvão. A Índia, por outro lado, está se esforçando para aproveitar sua abundância de luz solar para se tornar líder em energia solar, embora deva enfrentar os desafios relacionados ao acesso e à segurança da energia.

Além disso, o tema da governança global e o papel dos BRICS na formação de instituições internacionais fornecem uma visão inovadora de sua política. O desejo de reformar instituições como o Fundo Monetário Internacional e o Banco Mundial, bem como as Nações Unidas, reflete a aspiração dos BRICS de moldar uma ordem mundial que represente melhor seus interesses e os de outros países em desenvolvimento. O estabelecimento do Novo Banco de Desenvolvimento do BRICS representa um passo nessa direção, embora ainda não se saiba como essa e outras iniciativas similares se desenvolverão no futuro.

A interação entre os BRICS e outras nações e blocos, como a União Europeia e os Estados Unidos, adiciona outra camada à sua prática política. Embora sua interação com esses atores tenha abrangido tanto a colaboração quanto a competição, a dinâmica ressalta o desejo dos BRICS de serem reconhecidos como atores-chave no cenário mundial, capazes de moldar e influenciar a dinâmica global de maneiras significativas.

No contexto da segurança, os BRICS abordaram uma série de questões, incluindo desafios relacionados ao terrorismo, pirataria marítima e cibersegurança, buscando coordenar as respostas enquanto navegam em suas divergências. A gestão da ameaça terrorista, em particular, viu a necessidade de equilibrar as preocupações de segurança com os direitos humanos e a justiça social.

Portanto, as políticas dos BRICS estão imersas em uma paisagem rica e multifacetada, entrelaçada por fios de cooperação, competição e conflito. Explorar as várias facetas dessas políticas não apenas fornece informações sobre sua dinâmica interna, mas também oferece informações valiosas sobre suas aspirações, preocupações e estratégias no contexto global mais amplo.

A análise da projeção dos BRICS no cenário global é ainda mais enriquecida ao considerar o tema do poder brando e o domínio das relações culturais e sociais entre esses países e o resto do mundo. A promoção da cultura, dos valores e dos símbolos nacionais, e como eles influenciam as relações internacionais entre os

BRICS e outros países, torna-se uma área significativa de exploração.

Por exemplo, a China, com sua ambiciosa "Iniciativa do Cinturão e Rota", busca não apenas expandir sua influência econômica, mas também aumentar seu poder brando na Ásia, África e Europa, usando ferramentas como investimentos em infraestrutura, comércio e intercâmbios culturais e educacionais. A Índia, por meio de sua política de "Aja para o Leste" e apoio à diáspora indiana global, se envolve ativamente em estabelecer laços baseados não apenas em interesses econômicos ou estratégicos, mas também em interesses culturais e sociais.

Além disso, a dinâmica das relações intra-BRICS oferece uma janela para explorar como essas nações gerenciam suas diferenças e alavancam áreas de convergência. Por exemplo, embora a China e a Índia tenham várias questões não resolvidas, incluindo disputas de fronteira, elas buscam áreas de cooperação em fóruns multilaterais, incluindo a plataforma BRICS. Essa coexistência de contrastes e colaboração é um tema recorrente nos BRICS, que enfrentam atritos frequentes, como em questões tributárias e comerciais, mas encontram pontos em comum em questões como a reforma das instituições financeiras internacionais ou a abordagem das mudanças climáticas.

O conceito de liderança dentro dos BRICS também é de particular interesse. A forma como cada país percebe seu próprio papel e contribuição dentro do grupo e para o mundo exterior varia significativamente. Embora a China possa se ver como a líder natural dos BRICS devido ao seu tamanho econômico e peso global, Índia, Brasil, Rússia e África do Sul também trazem suas próprias aspirações e visões de liderança regional e global para a mesa, às vezes em conflito com a agenda chinesa.

No contexto da política e da segurança globais, os BRICS buscam delinear uma narrativa conjunta, mesmo que suas ações e posições específicas possam divergir. Sua oposição comum ao que eles percebem como uma ordem mundial unilateral dominada pelos Estados Unidos os une, mas seus interesses geopolíticos e geoeconômicos específicos também podem dividi-los, como visto em suas abordagens às crises globais e regionais.

A influência dos BRICS na resolução ou mitigação de conflitos regionais representa outro aspecto crucial a ser explorado. Por exemplo, considerando o papel da Rússia na Síria ou a posição da China em relação à Coreia do Norte, vemos nações tentando equilibrar seus interesses estratégicos com a necessidade de projetar um senso de responsabilidade e liderança global. Da mesma forma, a abordagem da Índia e da África do Sul às questões de paz e segurança em seus bairros reflete uma combinação de questões de segurança, interesses econômicos e o desejo de projetar influência e liderança.

Finalmente, a questão de qual futuro espera os BRICS em um mundo em evolução caracterizado por desafios crescentes, como rivalidade entre superpotências, crises globais e mudanças sistêmicas, oferece mais informações sobre como as políticas internas e externas dessas nações evoluirão no futuro próximo. Eles serão capazes de superar suas diferenças e formar uma coalizão mais coesa e influente? Ou as divergências internas e os desafios externos limitarão seu impacto e coerência no cenário global? Navegar por essas questões fornece uma jornada intrigante pelas complexidades e contradições dos BRICS no mundo contemporâneo.

Outra dimensão interessante na análise das políticas do BRICS diz respeito à gestão da desigualdade e da coesão social nesses países. Apesar de alcançarem marcos econômicos significativos nas últimas décadas, os países do BRICS continuam enfrentando disparidades econômicas agudas, problemas de corrupção e desafios de direitos humanos.

A questão da desigualdade se manifesta por meio de vários prismas. No Brasil, por exemplo, as disparidades econômicas e sociais estão intimamente ligadas às questões de raça e gênero, e o país enfrenta regularmente tensões relacionadas a essas diferenciações socioeconômicas. Na África do Sul, as sombras do apartheid continuam a se refletir nas disparidades econômicas e na tensão social, com questões persistentes relacionadas ao acesso a oportunidades econômicas e serviços essenciais entre diferentes comunidades.

A Rússia apresenta um cenário político distinto no qual a centralização do poder e do nacionalismo desempenham um papel fundamental na definição de sua estratégia política, tanto nacional quanto internacionalmente. Os desequilíbrios econômicos e sociais são frequentemente obscurecidos por uma narrativa patriótica robusta e pelo gerenciamento hábil da mídia. Há um diálogo contínuo sobre o papel das ONGs e o espaço para a sociedade civil em um país que equilibra a demanda por ordem e estabilidade com a necessidade de inovação e desenvolvimento.

No contexto indiano, o pluralismo, tanto cultural quanto religioso, continua sendo uma característica definidora, mas também um desafio para sua política. Gerenciar a diversidade e promover a coesão social são temas centrais, dadas as várias tensões decorrentes das desigualdades econômicas, diferenças religiosas e disparidades regionais. Promover uma identidade nacional coesa e, ao mesmo tempo, gerenciar essa pluralidade é um desafio político constante.

A abordagem política da China, com seu modelo de governo centralizado e forte controle do Partido Comunista, apresenta outra faceta dos BRICS. A ênfase na harmonia e estabilidade sociais, combinada com uma forte liderança econômica, definiu o sucesso da China. No entanto, questões como tensões em regiões como Tibete e Xinjiang, bem como o tratamento de minorias étnicas e religiosas, destacam os desafios de gerenciar a diversidade dentro desse modelo político.

Também é crucial considerar a evolução dos BRICS na era digital, à medida que a tecnologia se torna um campo cada vez mais crítico na determinação do poder e da influência globais. Cada país do BRICS está enfrentando seus próprios desafios e oportunidades nesse campo. Por exemplo, embora a Índia e a China tenham feito avanços significativos no setor de tecnologia, tornando-se líderes em segmentos específicos, como comércio eletrônico e tecnologias móveis, elas enfrentam desafios como regulamentar o setor de tecnologia, questões de privacidade de dados e segurança cibernética e reduzir a exclusão digital no mercado interno.

Uma análise aprofundada dos BRICS nos leva a um caleidoscópio de desafios e estratégias políticas, navegando pelo desejo de estabilidade interna, crescimento econômico e uma presença influente no cenário mundial. Cada nação, embora compartilhe certas aspirações comuns, busca seus objetivos únicos por meio de uma variedade de métodos e políticas, muitas vezes criando um conjunto de práticas que são tão harmoniosas quanto contrastantes. Os desafios futuros, incluindo mudanças globais, novas dinâmicas de poder e desafios internos, fornecerão mais facetas e direções às ações políticas dos BRICS, oferecendo continuamente novos terrenos e cenários para análise e compreensão dessas potências emergentes.

Em resumo, apesar das diferenças consideráveis em termos de estrutura política, governança e abordagens para questões globais, os BRICS conseguiram manter uma frente unida em várias áreas estratégicas, principalmente relacionadas à economia e ao desenvolvimento. Sua cooperação, destacada por meio de uma série de cúpulas e iniciativas conjuntas, reflete uma compreensão mútua da importância de moldar uma ordem mundial que represente suas aspirações e interesses.

A política interna de cada país do BRICS reflete uma complexa tapeçaria de aspirações de desenvolvimento, a busca pela estabilidade e a gestão de diversos desafios socioeconômicos e culturais. A estabilidade política geralmente é equilibrada com questões urgentes, como desigualdade, corrupção e pressão pela democratização em algumas nações. Cada estado do BRICS, com suas nuances e contextos, busca enfrentar esses desafios moldando políticas que possam refletir tanto as aspirações internas quanto as da coalizão.

Externamente, os BRICS buscam se posicionar como atores-chave em uma ordem mundial passando por transformações significativas. A ascensão da China como superpotência global, a crescente influência da Índia no sul da Ásia, o papel da Rússia nas questões de segurança da Europa e do Oriente Médio e o engajamento do Brasil e da África do Sul em suas respectivas regiões são exemplos de como essas nações estão tentando moldar a dinâmica global e regional.

No entanto, o caminho futuro dos BRICS não está isento de incertezas e desafios. A força da cooperação entre os membros, a capacidade de lidar com rivalidades crescentes (como entre a China e a Índia) e sua eficácia em equilibrar aspirações, conflitos e cooperação serão fatores-chave para determinar o papel e o impacto do bloco no cenário global nos próximos anos.

Portanto, observar os BRICS sob o prisma da política interna e externa não apenas fornece informações sobre como essas nações estão navegando em uma era de mudanças globais significativas, mas também como estão tentando definir e moldar essas mudanças de acordo com suas próprias visões e interesses. Prevê-se um futuro no qual o bloco BRICS continuará a desempenhar um papel fundamental, atravessando e influenciando as muitas facetas do dinâmico tabuleiro de xadrez internacional.

4. Relações internacionais • Análise das relações entre os BRICS e outros atores globais

Relações internacionais e BRICS

Ao examinar as relações internacionais do BRICS, é crucial observar não apenas as interações entre os membros do grupo, mas também como o bloco e as nações individuais se relacionam com outros atores globais e regionais.

1. Relações intra-BRICS: • Apesar de vários desafios e tensões (como disputas territoriais entre Índia e China), o BRICS manteve uma frente relativamente unida em vários fóruns internacionais, destacando a cooperação nos setores de desenvolvimento econômico e sustentável. • A plataforma BRICS tem sido usada para explorar e estabelecer mecanismos financeiros alternativos, como o Novo Banco de Desenvolvimento, com o objetivo de fornecer recursos financeiros para projetos de infraestrutura e desenvolvimento sustentável entre os países membros e outras economias emergentes.

2. Relações com o G7 e o Ocidente: • Os BRICS geralmente se posicionam como uma voz alternativa à dos países mais industrializados representados pelo G7. • Os países do BRICS frequentemente buscam equilibrar seu relacionamento com as nações ocidentais, tentando criar espaços para cooperação econômica enquanto expressam divergências sobre questões como normas comerciais globais e governança internacional.

3. Influência regional: • Países como o Brasil e a África do Sul desempenham papéis significativos em suas respectivas regiões (América Latina e África Subsaariana, respectivamente) e geralmente atuam como pontes entre os BRICS e suas regiões. • A Rússia e a China, com sua considerável influência política e militar, desenvolveram redes de alianças e cooperação não apenas entre si, mas também com países do Oriente Médio, Ásia Central e Sul da Ásia.

4. Relações com países em desenvolvimento: • Os BRICS geralmente se apresentam como representantes dos interesses dos países em desenvolvimento, enfatizando temas como justiça econômica global, dívida e comércio. • Em muitos casos, essas nações têm procurado fornecer assistência ao desenvolvimento e apoio econômico a outras economias emergentes, cultivando alianças e apoiando questões de interesse comum em fóruns internacionais.

5. Competição e colaboração: • Embora mantenham um grau de coesão como bloco, os países do BRICS também competem entre si em várias áreas, como atrair investimentos estrangeiros, dominar mercados globais específicos e liderar em questões globais. • Em termos de segurança, existem contrastes e confluências de interesses, conforme evidenciado pelas relações sino-indianas e russo-chinesas, navegando entre alianças estratégicas e tensões regionais.

6. Questões globais e governança: • O BRICS tem procurado exercer influência sobre questões de governança global, como mudança climática, segurança internacional e saúde global. • O papel do BRICS na dinâmica futura da política climática global, particularmente considerando a crescente pressão por ações climáticas ambiciosas, será crucial, já que países como China e Índia estão entre os maiores emissores de gases de efeito estufa.

Em conclusão, os BRICS navegam em uma complexa rede de relações internacionais, gerenciando tensões internas enquanto buscam cultivar a influência coletiva e individual em escala global. A coerência e a eficácia de suas políticas externas, bem como a forma como elas equilibram os interesses nacionais com os compromissos globais e regionais, serão vitais para moldar a dinâmica futura do cenário geopolítico global. Examinar como vários países do BRICS gerenciam esses equilíbrios e suas ambições é crucial para entender as trajetórias futuras da ordem mundial.

Examinando mais detalhadamente as relações internacionais entre os países do BRICS e outros atores globais, é crucial delinear como as relações diplomáticas, econômicas e estratégicas se desenvolveram e como elas podem moldar eventos futuros no cenário internacional.

7. Comércio e investimentos: • Os BRICS representam uma entidade poderosa no comércio global, participando ativamente das cadeias globais de valor e dos mercados emergentes. A cooperação e a competição dentro e fora do bloco oferecem oportunidades e desafios em termos de acesso ao mercado, protecionismo e reforma das instituições financeiras internacionais. • A Iniciativa do Cinturão e Rota da China é um exemplo paradigmático de como as nações do BRICS estão ampliando sua influência econômica global, criando simultaneamente oportunidades e tensões dentro do bloco e com outros atores internacionais.

8. Tecnologia e inovação: • A corrida pela liderança tecnológica entre o BRICS e outros atores globais ressalta o papel crescente da tecnologia e da inovação na determinação da dinâmica global de poder. • Os BRICS, particularmente a China e a Índia, se tornaram fontes significativas de inovação tecnológica e estão buscando estabelecer normas e padrões no espaço digital e tecnológico global, muitas vezes desafiando as abordagens e o domínio ocidentais.

9. Segurança global e regional: • As tensões regionais, como as do Himalaia entre a China e a Índia, e os desafios de segurança enfrentados pela Rússia na Europa, demonstram como as questões de segurança podem ter implicações bilaterais no bloco BRICS e globalmente. • A gestão e mediação de conflitos e como os BRICS se posicionam em questões globais de segurança e paz são aspectos vitais de seu impacto e influência na ordem mundial.

10. Governança global: • A participação e a influência em instituições de governança global, como as Nações Unidas, o Fundo Monetário Internacional e o Banco Mundial, continuam sendo pontos focais cruciais da estratégia de política externa do BRICS. • Promover uma ordem mundial multipolar tem sido um tema constante nas declarações conjuntas do BRICS, implicando um desafio direto ao domínio ocidental tradicional em muitas instituições e práticas internacionais.

11. Meio ambiente e sustentabilidade: • Os desafios relacionados à mudança climática, biodiversidade e sustentabilidade ambiental são fundamentais para as agendas internacionais, e os BRICS desempenham um papel significativo, sendo grandes emissores e nações-chave para a conservação da biodiversidade. • Governança ambiental global, compensações entre desenvolvimento e sustentabilidade e tensões inerentes à equidade no contexto da ação climática e da proteção ambiental emergem como temas-chave nas relações externas do BRICS.

12. Desenvolvimento sustentável: • As nações do BRICS, com seu considerável peso demográfico e econômico, têm um impacto significativo no progresso global em direção aos Objetivos de Desenvolvimento Sustentável das Nações Unidas. • As políticas de desenvolvimento sustentável dos BRICS e seu papel no desenvolvimento Sul-Sul representam um aspecto essencial de suas relações internacionais, pois buscam moldar a agenda de desenvolvimento global de forma a refletir seus interesses e prioridades.

13. Diplomacia cultural e interpessoal: • A diplomacia cultural e as conexões "entre pessoas"** representam um elemento crucial para fortalecer a coesão intra-BRICS e melhorar a percepção e a influência do bloco em escala global. • Iniciativas como fóruns acadêmicos, intercâmbios culturais e intercâmbios de jovens são ferramentas vitais para construir pontes e promover a compreensão mútua entre as sociedades do BRICS e além.

À medida que os BRICS buscam seu caminho para afirmar e consolidar sua influência no cenário internacional, gerenciar essas dinâmicas múltiplas e complexas das relações externas será crucial. A forma como os BRICS navegam por essas várias esferas e como eles equilibram cooperação e competição, convergência e divergência, dentro do bloco e em suas relações globais, permanecerá fundamental na formação de futuras trajetórias geopolíticas e geoeconômicas.

Explorar as relações internacionais dos países do BRICS aprofunda ainda mais a dinâmica geopolítica e diplomática.

14. Dinâmica de poder e competição: • A competição entre os BRICS e as potências ocidentais, especialmente com os Estados Unidos e a União Europeia, molda uma nova geografia do poder global. A crescente influência dos BRICS no cenário mundial é frequentemente vista como um desafio à ordem liberal liderada pelo Ocidente. • A crescente rivalidade estratégica, por exemplo, no contexto da tecnologia 5G, em que a China emerge como líder global, afeta a segurança global e as alianças internacionais, com implicações para a soberania digital e a cibersegurança.

15. Diplomacia multilateral: • O engajamento do BRICS em plataformas multilaterais, como o G20, a Organização Mundial do Comércio e várias agências da

ONU, ilustra sua aspiração de moldar normas e acordos internacionais. • A capacidade do BRICS de trabalhar de forma coesa e apresentar frentes unidas ou posições coordenadas em fóruns multilaterais tem o potencial de fortalecer sua influência coletiva na arquitetura da governança global.

16. Estratégias militares e de defesa: • As armas e as capacidades militares dos BRICS, especialmente da Rússia e da China, são temas essenciais em sua projeção do poder global e em suas relações com outras nações. • A cooperação em defesa, por meio de exercícios militares conjuntos e diálogos de segurança, fortalece os laços intra-BRICS e ajuda a coordenar posições sobre questões de segurança regional e global.

17. Direitos Humanos e Democracia: • A questão dos direitos humanos e a promoção da democracia desempenham um papel nas relações externas dos BRICS, pois sua perspectiva geralmente contrasta com a abordagem ocidental. • As tensões relacionadas aos direitos humanos e à governança democrática, conforme evidenciado pelas críticas e sanções internacionais, representam uma dimensão crucial nas relações internacionais dos BRICS, influenciando sua imagem global e poder brando.

18. Epidemias e saúde global: • A pandemia da COVID-19 ressaltou a importância da cooperação e coordenação internacionais na saúde global, destacando as sinergias e tensões entre os BRICS e outros atores globais. • O acesso a vacinas, as respostas às emergências de saúde globais e a cooperação em saúde pública se enquadram no contexto mais amplo das relações internacionais dos BRICS, influenciando as percepções de sua liderança e solidariedade em nível global.

19. Energia e recursos naturais: • A segurança energética e o acesso aos recursos naturais são questões-chave, com o BRICS desempenhando um papel fundamental nos mercados globais de energia e nas dinâmicas relacionadas a recursos. • Estratégias de segurança energética, investimentos em energia renovável e políticas relacionadas à mudança climática são fatores que influenciam as relações bilaterais e multilaterais entre os BRICS e com outros atores globais.

20. Migração e refugiados: • Os fluxos migratórios e as crises de refugiados representam um desafio e uma oportunidade para os países do BRICS, tanto internamente quanto em suas relações externas. • As políticas migratórias, a integração de migrantes e refugiados e a colaboração internacional em questões de migração têm implicações para a estabilidade social, o crescimento econômico e a cooperação internacional entre os BRICS e além.

Gerenciar e navegar por essas áreas-chave e a evolução contínua das relações internacionais entre os países do BRICS e outros atores globais oferecem uma visão geral complexa e multidimensional. O impacto desses fatores e sua interconexão criam um mosaico de cooperação e conflito, sinergias e tensões que os BRICS devem equilibrar para manter e construir sua influência e liderança globalmente.

21. Tecnologia e cibersegurança: • Os países do BRICS desempenham um papel central no desenvolvimento tecnológico global e na cibersegurança, explorando vários cenários de cooperação e competição. A China, por exemplo, tem estado na vanguarda da implementação de tecnologias 5G, enquanto a Índia fez avanços significativos em serviços de TI e software. • Questões de segurança cibernética, como ataques cibernéticos, espionagem cibernética e proteção de dados, influenciam não apenas as relações intra-BRICS, mas também a dinâmica com outros atores globais, apresentando novos desafios na diplomacia digital e na segurança global.

22. Investimentos e comércio: • As relações comerciais entre os países do BRICS e o resto do mundo são complexas e multifacetadas. Embora fluxos de investimento e comércio significativos ocorram dentro do bloco, tensões comerciais, como as entre a China e os Estados Unidos, moldam um ambiente global competitivo. • A Iniciativa do Cinturão e Rota da China, as iniciativas de investimento na África e a integração regional na América Latina e na Ásia são exemplos da profundidade e complexidade da dinâmica de comércio e investimento que caracterizam os BRICS no contexto global.

23. Meio Ambiente e Mudança Climática: • As políticas ambientais e as respostas às mudanças climáticas das nações do BRICS têm um impacto global significativo devido ao seu tamanho e peso econômico. A China e a Índia, em particular, estão entre os maiores emissores de gases de efeito estufa, e suas políticas energéticas e ambientais estão sob escrutínio internacional. • A participação dos BRICS em acordos climáticos internacionais, como o Acordo de Paris, e suas estratégias nacionais para transição energética e proteção da biodiversidade constituem uma dimensão importante de suas relações externas e impacto global.

24. Terrorismo e segurança: • A ameaça do terrorismo e do extremismo violento se cruza com as relações internacionais dos BRICS. A cooperação em contraterrorismo, o compartilhamento de informações de inteligência e a coordenação em fóruns internacionais são essenciais para lidar com as ameaças transnacionais à segurança. • De insurgências em várias regiões africanas a tensões na Caxemira e nas questões chechenas na Rússia, a questão do terrorismo tem implicações nacionais e internacionais para os BRICS, influenciando suas políticas diplomáticas e de segurança.

25. Cooperação científica e pesquisa: • A cooperação nos campos científicos e de pesquisa entre os BRICS e com outros parceiros internacionais é essencial para o avanço tecnológico e o desenvolvimento sustentável. A colaboração em missões espaciais, pesquisa médica e IA abre novos horizontes de parceria e competição. • A diplomacia científica e os intercâmbios acadêmicos representam outra camada das relações internacionais dos BRICS, onde compartilhar e competir por conhecimento, inovações e descobertas científicas moldam as interações e influenciam a dinâmica global.

26. Cultura e poder brando: • Promover a cultura e exercer o poder brando por meio da mídia, arte, esportes e educação são as principais estratégias usadas pelos BRICS para construir sua própria imagem e influência globalmente. Por exemplo, a disseminação da cultura chinesa por meio dos Institutos Confúcio em todo o mundo. • A diplomacia cultural e a promoção do turismo entre as nações do BRICS e além contribuem para construir pontes e influenciar as percepções mútuas, impactando assim os intercâmbios humanos e as relações internacionais.

As relações internacionais dos BRICS são tecidas por meio de uma complexa rede de colaboração e competição em várias áreas, incluindo, mas não se limitando às listadas. A interação entre esses fatores e seu impacto na dinâmica global fornece um terreno fértil para análises e discussões adicionais, explorando como os BRICS moldam e são moldados pelo contexto internacional contemporâneo.

27. Diplomacia multilateral: • Os BRICS desempenham um papel decisivo em vários fóruns multilaterais, como a ONU, o G20 e a OMC, influenciando as regulamentações e a governança globais. A abordagem dos BRICS à diplomacia multilateral geralmente alterna entre colaboração e contenção, dependendo das questões e interesses em jogo. • Sua capacidade de moldar a ordem global é complexa e variada, dada a diversidade dos países membros e suas respectivas agendas internacionais, com a Índia, por exemplo, defendendo a reforma do Conselho de Segurança da ONU e a China fortalecendo seu papel na OMC.

28. Energia e recursos: • Os BRICS são atores importantes no cenário energético global, com a Rússia sendo um dos maiores exportadores de gás natural e petróleo e a China sendo um dos maiores consumidores. A dinâmica do mercado de energia, rotas de oleodutos e políticas energéticas são partes integrantes de suas relações externas. • Investimentos em energia renovável, como energia solar na Índia e projetos eólicos no Brasil, juntamente com a necessidade de garantir o acesso a recursos essenciais, como metais de terras raras, são aspectos que permeiam a política externa do BRICS e influenciam as relações com outros países e blocos regionais.

29. Globalização versus nacionalismo: • Encontrar um equilíbrio entre as tendências da globalização e os impulsos nacionalistas é outro elemento-chave na política externa dos BRICS. Por exemplo, embora a China frequentemente promova uma narrativa de globalização, dentro do contexto do nacionalismo econômico, a Rússia busca uma forma de nacionalismo político no cenário internacional. • Essa dicotomia entre abertura e isolacionismo, cooperação e unilateralismo influencia não apenas as políticas domésticas, mas também as interações globais dos BRICS, muitas vezes criando cenários complexos e contraditórios em suas relações internacionais.

30. Direitos Humanos e Democracia: • Os BRICS apresentam um quadro variado em relação ao respeito aos direitos humanos e aos princípios democráticos. Embora países como o Brasil e a África do Sul tenham um histórico de transição democrática, a China e a Rússia são frequentemente criticadas por sua abordagem autoritária. • Diferenças nos sistemas políticos e nas normas de direitos humanos geralmente representam obstáculos nas relações com outros países e afetam a capacidade dos BRICS de apresentar uma frente unida em várias questões internacionais.

31. Migração e refugiados: • Os fluxos migratórios e as questões dos refugiados são temas críticos nas relações internacionais dos BRICS. A Índia enfrentou desafios significativos relacionados às crises de refugiados com os países vizinhos, enquanto o Brasil testemunhou fluxos migratórios significativos da Venezuela. • Gerenciar a migração, tanto interna quanto internacional, e responder às crises de refugiados abordam vários aspectos das políticas do BRICS, incluindo desenvolvimento, segurança e relações com os países vizinhos e toda a comunidade internacional.

Esses aspectos fornecem uma lente através da qual observar a complexidade das relações internacionais dos BRICS, onde as políticas nacionais, as tendências globais e as especificidades regionais convergem em uma matriz complexa e muitas vezes contraditória. Navegar por esses temas e dinâmicas diversos e às vezes conflitantes oferece uma paisagem rica e multifacetada que requer mais pesquisas e análises detalhadas para compreender completamente o papel e o impacto dos BRICS no contexto global atual.

Conclusão sobre "Relações Internacionais e os BRICS": À medida que os BRICS continuam a emergir como potências significativas no cenário global, suas inter-relações e relações com outros atores globais continuam sendo um conjunto de múltiplas camadas de colaboração, competição e, às vezes, conflito. Suas trajetórias de política externa são fortemente influenciadas por suas respectivas identidades nacionais, aspirações globais e a dinâmica geopolítica e geoeconômica do mundo contemporâneo. Em um mundo em rápida evolução, marcado pela crescente polarização e novos desafios globais, como mudanças climáticas, pandemias e crises de refugiados, a coalizão BRICS incorpora uma realidade única, enraizada em suas próprias contradições e disparidades internas, mas rica em potencial em termos de moldar o futuro da ordem mundial.

• **Papel nas organizações internacionais:** • Apesar de manter uma postura crítica em relação à ordem internacional existente e suas instituições, os BRICS estão profundamente imersos na dinâmica das principais organizações globais e regionais, contribuindo ativamente para a criação de normas globais e o desenvolvimento de novas plataformas e fóruns multilaterais. • **Recursos naturais e sustentabilidade:** • Questões relacionadas ao acesso e gestão de recursos naturais, bem como desafios relacionados à sustentabilidade e às mudanças climáticas, não apenas moldam o políticas nacionais dos BRICS, mas também influenciam sua interação com o resto do mundo, pressionando por um diálogo entre desenvolvimento econômico, segurança energética e sustentabilidade ambiental.

Governança global e "poder brando": • Em termos de governança global e exercício do "poder brando", os BRICS se apresentam como uma alternativa, propondo modelos e práticas que refletem suas experiências e visões específicas, afirmando assim uma pluralidade de vozes e escolhas políticas e econômicas no cenário mundial.

Tecnologia e cibersegurança: • A crescente relevância das questões relacionadas à tecnologia, digitalização e cibersegurança destaca a importância estratégica da inovação e da cibersegurança nas relações internacionais do BRICS, com implicações que vão do desenvolvimento econômico à segurança nacional e à proteção dos direitos humanos.

Cooperação versus divergência: • Embora unidas por um interesse comum em reimaginar a ordem global, as divergências internas em questões-chave, como democracia, governança e alianças estratégicas globais, representam um ponto crítico que pode enfraquecer a unidade do bloco e gerar novas formas de colaboração e sinergia entre os membros.

O cenário das relações internacionais dos BRICS, portanto, aparece como um tecido complexo, onde as aspirações por liderança global se misturam com uma gestão pragmática de desafios e oportunidades emergentes. O caminho para uma ordem mundial mais justa e equilibrada, que leve em conta as vozes e os interesses de uma gama mais ampla de atores, passa inevitavelmente por uma compreensão mais profunda e matizada desses atores emergentes e seu impacto nos mecanismos políticos globais.

Nesse sentido, uma análise mais detalhada e inclusiva das relações internacionais dos BRICS requer uma abordagem que vá além da simples dinâmica do poder e considere uma pluralidade de fatores e dimensões, incluindo as aspirações da sociedade civil, a dinâmica regional e o papel das normas e ideias na formação de políticas externas e interações globais.

A compreensão de seu papel e impacto não pode ser separada de uma análise que leve em conta a complexidade e a multidimensionalidade dos fatores em jogo, oferecendo assim uma estrutura mais rica e diferenciada para as possíveis trajetórias futuras dos BRICS e do sistema internacional como um todo.

5. Nova Ordem Mundial • Definições e conceitos-chave da Nova Ordem Mundial:

O conceito da "Nova Ordem Mundial" é extremamente amplo e pode ser analisado de várias perspectivas. Em termos gerais, refere-se a uma fase ou visão de um sistema internacional renovado, caracterizado por dinâmicas, regras e atores diferentes em comparação aos tradicionais. Aqui estão alguns pontos focais que podem fornecer informações para uma maior exploração e discussão sobre esse tópico:

1. **Definições e interpretações:**

   - Compreenda várias definições e interpretações da "Nova Ordem Mundial" a partir de diferentes ângulos e teorias internacionais.

   - Analise as mudanças pós-Guerra Fria, o declínio da bipolaridade e a crescente multipolaridade como pano de fundo para o surgimento de novos atores e dinâmicas no cenário internacional.

2. **Polaridade de potência global:**

   - Examine a transição de uma ordem unipolar/multipolar para cenários

alternativos e o que isso implica em termos
de equilíbrio global de poder.

- Explore o papel dos Estados Unidos, da
  China e de outros centros de energia
  emergentes na formação da nova
  arquitetura global.

3. Instituições e governança global:

- Explore o papel das instituições existentes
  (como a ONU, o FMI, o Banco Mundial) e
  se e como elas se adaptam às mudanças na
  dinâmica global.

- Avalie o surgimento de novas instituições e
  plataformas multilaterais, como o BRICS, e
  seu impacto na governança global.

4. Economia e globalização:

- Avalie como as tendências da globalização e
  o surgimento de novos atores econômicos
  contribuíram para a reconfiguração da
  economia global.

- Analise como a nova ordem mundial
  aborda questões como desigualdade, acesso
  a recursos e gerenciamento de crises
  econômicas.

5. Segurança e conflitos:

- Examine como as questões de segurança são tratadas nesse novo contexto: ameaças não tradicionais, guerra assimétrica, terrorismo, cibersegurança etc.

- Investigue conflitos e tensões existentes e potenciais entre várias potências globais e regionais.

6. Tecnologia e informação:

- Analise o papel das novas tecnologias e mídias digitais na formação da política, economia e sociedades em nível global.

- Explore questões de segurança cibernética, espionagem industrial e guerra cibernética na nova ordem mundial.

7. Direitos Humanos e Democracia:

- Explore o papel da promoção dos direitos humanos e da democracia na nova ordem mundial.

- Analise como diferentes regimes e ideologias políticas coexistem e interagem em nível internacional.

8. Meio ambiente e sustentabilidade:

- Examine como os desafios ambientais, as mudanças climáticas e as questões de sustentabilidade são integrados às políticas globais.

- Analise como as estratégias de desenvolvimento sustentável se cruzam com a dinâmica econômica e política global.

Esses temas representam apenas alguns dos aspectos cruciais para explorar a complexidade do conceito da "Nova Ordem Mundial". Cada ponto pode ser desenvolvido ainda mais, incluindo estudos de caso detalhados, análises comparativas e insights teóricos para fornecer uma visão geral abrangente e multifacetada do assunto. Além disso, a interconexão entre esses diferentes temas exigirá uma análise que possa compreender a complexidade das interdependências globais nesse contexto internacional emergente.

Aspectos socioculturais e ideológicos da Nova Ordem Mundial

9. Identidade e nacionalismo: • Explore a interação entre globalização e identidades nacionais, examinando como o nacionalismo se manifesta no contexto da nova ordem mundial. • Analise como novas alianças e conflitos globais influenciam as construções de identidade dentro das nações e como isso pode impactar a geopolítica global.

10. Movimentos sociais: • Avalie o papel dos movimentos sociais globais, como aqueles que defendem a justiça social, econômica e ambiental, na dinâmica da nova ordem mundial. • Explore como esses movimentos podem influenciar a política internacional e em quais plataformas globais eles operam.

11. Cultura e poder brando: • Mergulhe no conceito de "poder brando" e como a cultura e os valores são usados por estados e entidades não estatais para exercer influência em escala global. • Investigue as implicações da difusão cultural e da competição entre diferentes "culturas" ou "civilizações" dentro do novo contexto global.

12. Religião e geopolítica: • Analise o papel das religiões e identidades religiosas na formação da dinâmica internacional, incluindo conflitos, alianças e políticas externas. • Explore a tensão entre os princípios seculares e religiosos na governança global e local.

Aspectos legais e normativos

13. Direito Internacional: • Avalie como o direito internacional se adapta e é implementado dentro da nova ordem mundial, considerando tópicos como soberania, direito humanitário e direito marítimo. • Examine os mecanismos legais existentes e potenciais para resolução de conflitos e gerenciamento de disputas internacionais.

14. Normas e padrões: • Analise como as normas e padrões globais (por exemplo, em direitos humanos, meio ambiente, tecnologia etc.) são estabelecidos, implementados e aplicados. • Explore como diferentes visões e valores globais convergem na criação de normas internacionais.

Saúde e aspectos científicos

15. Saúde global: • Investigue como os problemas globais de saúde, como pandemias e saúde pública, são gerenciados e como eles influenciam a estabilidade e a cooperação internacional. • Analise as implicações das crises globais de saúde na política, economia e sociedade internacionais.

16. Ciência e Inovação: • Examine o papel da inovação científica e tecnológica na formação da nova ordem mundial, incluindo questões éticas, legais e sociais que surjam. • Avalie como a competição e a colaboração científica e tecnológica são integradas às estratégias nacionais e internacionais.

Dinâmica regional e sub-regional

17. Integração regional: • Analise a dinâmica e os impactos das formações e integrações regionais (por exemplo, UE, ASEAN, MERCOSUL) dentro do contexto global mais amplo. • Examine como esses blocos regionais influenciam e são influenciados pela nova ordem mundial.

18. Conflito e cooperação regionais: • Estude como os conflitos e a cooperação regionais e sub-regionais se desenvolvem e interagem com a dinâmica global. • Avalie a dinâmica entre potências regionais e atores não estatais (como organizações terroristas ou cartéis de drogas) na formação da ordem local e global.

Interconexões e ressonâncias globais

19. Transnacionalismo: • Explore o papel dos atores transnacionais, como corporações multinacionais e ONGs, na criação, influência e desafio da ordem global. • Analise como essas entidades cooperam e entram em conflito com estados e instituições internacionais.

20. Casus Belli e a pacificação: • Investigue como as causas dos conflitos mudam, persistem ou evoluem na nova ordem mundial. • Examine os mecanismos e ferramentas para a construção e estabilização da paz pós-conflito e sua aplicabilidade em diferentes contextos.

Cada um dos temas mencionados acima requer uma elaboração aprofundada e uma discussão crítica com base em teorias, dados empíricos, exemplos concretos e análises de cenários. O potencial para elaborar cada um desses temas é vasto e exigirá pesquisas e análises cuidadosas para fornecer uma compreensão clara e multidimensional da "Nova Ordem Mundial".

O conceito da "Nova Ordem Mundial" é intrincado e multifacetado, matizado pelas diferentes perspectivas geopolíticas e socioculturais que se cruzam com ele. Em primeiro lugar, é essencial examinar as concepções ideológicas que delineiam a ideia da nova ordem mundial: entender como diferentes atores, estados e não-estados, a percebem e como a materializam em suas agendas políticas e estratégicas.

Um dos principais aspectos que vale a pena explorar mais a fundo diz respeito ao equilíbrio global de poder. Em um contexto em que os equilíbrios globais estão mudando, o surgimento das potências do BRICS (Brasil, Rússia, Índia, China, África do Sul) fornece um ponto focal interessante para analisar como as novas dinâmicas de poder estão redefinindo as relações internacionais. A crescente influência desses países gerou novas alianças, não apenas entre eles, mas também com outras nações emergentes, e estimulou novas dinâmicas dentro de instituições internacionais como as Nações Unidas, o Fundo Monetário Internacional e o Banco Mundial.

Em um nível mais amplo, a nova ordem mundial pode ser vista através das lentes do "Ocidente versus o resto". O termo "Ocidente" aqui pode ser entendido como uma construção que representa não apenas uma localização geográfica, mas também um conjunto de valores, normas e sistemas políticos e econômicos, que muitas vezes são vistos em oposição ou competição com outras "civilizações" ou sistemas político-econômicos. A crescente influência de países como a China, com seu modelo de autoritarismo capitalista, ou a Rússia, com sua abordagem assertiva da geopolítica, desafia o domínio anterior das nações ocidentais e suas ideologias liberais.

Outro elemento que vale a pena explorar é o papel das tecnologias emergentes e da inovação na formação da nova ordem mundial. A corrida pela liderança tecnológica em áreas como inteligência artificial, biotecnologia e tecnologia espacial é crucial para obter uma vantagem em termos de poder brando e duro no cenário global. As nações do BRICS, por exemplo, estão investindo pesadamente nessas áreas para garantir seu lugar no futuro cenário geopolítico global.

Por outro lado, as questões ambientais e climáticas oferecem outro prisma para observar as transformações na ordem mundial. A crescente urgência dos desafios climáticos globais, combinada com as ambições de desenvolvimento sustentável,

molda novas alianças e gera novos conflitos. A gestão
dos recursos naturais, o acesso e o controle sobre eles e
as estratégias para mitigar e se adaptar às mudanças
climáticas se tornam dimensões cruciais pelas quais as
nações buscam navegar e negociar seu lugar no sistema
internacional.

Além disso, é essencial observar como as identidades
nacionais e as questões relacionadas à identidade
influenciam a percepção e a participação na nova
ordem mundial. Políticas domésticas, orientações
ideológicas e a construção da identidade nacional de
um país contribuem significativamente para definir
como ele se posiciona e interage com outros atores
globais. Isso, por sua vez, pode ser usado para
examinar como as nações do BRICS estão usando sua
crescente influência para redefinir as narrativas e
estruturas globais de poder.

O discurso sobre a nova ordem mundial e o papel dos
BRICS inevitavelmente nos leva a considerar o
contexto socioeconômico globalizado e o sistema de
governança global. Um elemento crítico nesse sentido
diz respeito à forma como a globalização e sua
dinâmica influenciam as potências estabelecidas e
emergentes. Por exemplo, como as nações do BRICS
navegam no sistema econômico global, que foi, em
parte, estruturado e liderado por nações estabelecidas
e blocos de poder? E como suas estratégias de

desenvolvimento e industrialização influenciam a redistribuição de riqueza e poder em nível global?

Além disso, não se pode ignorar o papel da digitalização na ordem mundial contemporânea. A era digital permeou todos os aspectos da sociedade e da governança global, influenciando a política, a economia e a sociedade nacionais e internacionais. A digitalização, por meio de fenômenos como o ciberespaço e a segurança cibernética, abriu novas frentes de cooperação e conflito. Os países do BRICS têm demonstrado interesse significativo no desenvolvimento de tecnologias digitais, não apenas como ferramentas para o progresso econômico, mas também como mecanismos para influenciar a geopolítica e garantir a segurança nacional.

Da mesma forma, a dimensão sociocultural da nova ordem mundial é igualmente difundida e complexa. As nações do BRICS, com suas identidades e culturas únicas, se envolvem com o sistema internacional não apenas por meio de lentes econômicas ou políticas, mas também por meio da promoção e interação de suas culturas e valores. A interseção entre geopolítica e cultura, muitas vezes manifestada por meio do poder brando, é crucial para entender como as identidades nacionais são projetadas e percebidas no contexto internacional.

Outro ponto importante a ser considerado é a questão
da segurança. O conceito de segurança passou por uma
evolução significativa, especialmente em relação aos
desafios impostos pelo ambiente digital e pelas novas
dinâmicas de poder. Embora os desafios tradicionais
de segurança, como conflitos territoriais e rivalidades
geopolíticas, continuem relevantes, novas questões,
como segurança cibernética, segurança ambiental e
segurança sanitária global, entraram com força na
agenda internacional. A recente pandemia da COVID-
19, por exemplo, destacou a vulnerabilidade do sistema
global e a importância de desenvolver capacidades de
resiliência e resposta a desafios transversais e
interconectados.

Também é essencial explorar o tema da legitimidade e
eficácia das instituições internacionais no contexto da
nova ordem mundial. Como os BRICS percebem e
interagem com as instituições internacionais
existentes? Como eles buscam reformar ou criar novas
para refletir e apoiar seus interesses e visões? Esses são
os principais aspectos que definem sua estratégia para
moldar uma ordem mundial favorável a eles.

Finalmente, mas não menos importante, as
desigualdades globais, tanto entre as nações quanto
dentro delas, desempenham um papel fundamental na
determinação da dinâmica da nova ordem mundial.
Como os BRICS abordam questões de desigualdade e
justiça social, tanto nacional quanto

internacionalmente? E como essas dinâmicas influenciam sua posição e estratégia no contexto global? Suas políticas domésticas e externas refletem e respondem a essas questões críticas, criando novas dinâmicas e tensões que exigem uma análise aprofundada no contexto da nova ordem mundial.

Aprofundando ainda mais o tema da nova ordem mundial e a posição dos BRICS dentro dela, é crucial considerar as mudanças climáticas e a sustentabilidade ambiental como impulsionadores decisivos do desenvolvimento e da cooperação internacional. A forma como esses países gerenciam suas obrigações ambientais e buscam metas de sustentabilidade tem profundas implicações em sua interação com a comunidade internacional e em seu perfil de liderança global.

A mudança climática, por exemplo, é um campo que diz respeito não apenas a questões ecológicas, mas também a questões sociais, econômicas e geopolíticas. As implicações das escolhas em relação às políticas energéticas, proteção da biodiversidade e gestão de recursos naturais são aspectos essenciais da projeção internacional dos BRICS. A transição energética para fontes mais limpas, a adaptação às mudanças climáticas e a mitigação de seus efeitos são questões que cruzam vários setores, criando novas oportunidades e desafios para esses países.

Além disso, a questão dos direitos humanos e da governança democrática representa outro elemento a ser examinado no discurso sobre os BRICS e a nova ordem mundial. A proteção dos direitos humanos e a promoção da democracia são temas centrais no debate internacional, e os BRICS, com suas diversas realidades e abordagens em relação aos direitos civis e políticos, contribuem significativamente para definir e, em alguns casos, remodelar narrativas e práticas globais. A forma como eles abordam questões como liberdade de expressão, direitos das minorias e justiça social não afeta apenas sua posição e reputação internacionais, mas também define dinâmicas internas e externas e equilíbrios de poder.

Também é relevante explorar como a diplomacia do BRICS evoluiu no contexto da dinâmica Sul-Sul e em relação aos desafios do desenvolvimento. As relações de cooperação e competição entre os países do Sul Global apresentam dinâmicas únicas que merecem análise para entender como os BRICS navegam nesse contexto e buscam se posicionar como líderes na dinâmica Sul-Sul. Assistência ao desenvolvimento, investimentos em infraestrutura, cooperação tecnológica e solidariedade política são aspectos que caracterizam o papel dos BRICS nas relações Sul-Sul.

Além disso, a interação dos BRICS com outras alianças e blocos regionais e internacionais é essencial para entender como eles se posicionam no cenário global. A forma como eles interagem com organizações como as Nações Unidas, o Fundo Monetário Internacional, o Banco Mundial e outros blocos e iniciativas regionais e internacionais (como a União Europeia, a ASEAN, a CELAC etc.) molda o contexto no qual suas estratégias e políticas tomam forma e são implementadas.

Além disso, o papel dos BRICS nas crises internacionais e nos processos de manutenção e construção da paz é um aspecto significativo que impacta grandemente sua dinâmica de interação e percepções globais. Como eles se posicionam em situações de conflito? Qual é a abordagem deles para a resolução de crises e a construção da paz? Essas questões são vitais para entender a natureza de seu engajamento na governança global e analisar sua influência na arquitetura internacional de segurança e paz.

Esses aspectos, juntamente com os discutidos anteriormente, contribuem para moldar um quadro complexo e multifacetado do papel dos BRICS na nova ordem mundial. Cada dimensão explorada abre novas possibilidades de análise e compreensão da dinâmica que caracteriza o sistema internacional e das estratégias de seus principais atores.

Explorando ainda mais o conceito da Nova Ordem Mundial (NWO) e a posição dos BRICS nesse contexto, é necessário examinar um elemento-chave: a geopolítica das tecnologias emergentes e da inovação. A inovação tecnológica, especialmente em áreas como inteligência artificial, biotecnologia, energia renovável e tecnologias digitais, está se tornando um campo de batalha crucial para a competição global. Os BRICS, possuindo coletivamente imensos recursos humanos, capacidades de pesquisa científica e potencial de mercado, estão desempenhando um papel cada vez mais proeminente nesse contexto.

O discurso em torno da digitalização e da inovação tecnológica tem profundas implicações para a ordem global, sugerindo o surgimento de uma "nova corrida armamentista tecnológica" na qual potências globais e emergentes competem para estabelecer normas, padrões e arquiteturas de governança no ciberespaço e nas tecnologias emergentes. Os BRICS representam um bloco heterogêneo nesse contexto, com membros como a China sendo líderes globais em vários setores tecnológicos, enquanto outros países membros estão navegando e afirmando seus interesses e valores nesse ambiente em rápida evolução.

Além disso, a evolução do conceito de segurança, que agora engloba não apenas ameaças militares tradicionais, mas também desafios como pandemias, segurança cibernética e mudanças climáticas, exige uma reconsideração de estratégias e alianças. Os BRICS, por meio de mecanismos como o Novo Banco de Desenvolvimento, estão buscando definir e implementar abordagens colaborativas e solidárias para lidar com essas ameaças multidimensionais, refletindo suas aspirações por uma ordem mundial mais justa e inclusiva.

Outro aspecto fundamental é o conceito de multilateralismo e sua evolução no contexto atual. Os BRICS apoiam um multilateralismo que reflita melhor as realidades e os equilíbrios de poder do século 21, que considere a crescente influência de atores não ocidentais e aspire a um sistema internacional mais equilibrado e representativo. Isso implica não apenas a participação ativa nas instituições multilaterais existentes, mas também a criação e o apoio de novas iniciativas e plataformas, como o já mencionado Novo Banco de Desenvolvimento do BRICS e outras iniciativas multilaterais e plurilaterais.

A cultura e a sociedade são igualmente vitais para definir as posições globais dos BRICS e seu papel na nova ordem mundial. As dinâmicas sociais, culturais e étnicas desses países e como eles interagem com as políticas externas e globais, bem como as interações entre a sociedade civil, o setor privado e o governo, são essenciais para entender as motivações, estratégias e impacto dos BRICS no cenário internacional. Os BRICS abrigam ricas diversidades culturais e sociais, e suas identidades e narrativas nacionais estão intrinsecamente ligadas à sua projeção externa e à sua percepção e interação com a ordem global.

Finalmente, a ética e os valores que orientam as políticas externas dos BRICS e sua abordagem à governança global são fundamentais para decifrar sua agenda e trajetória na nova ordem mundial. Sendo um bloco heterogêneo com diferentes sistemas políticos, valores e prioridades, os BRICS oferecem um terreno fértil para explorar como diferentes conceitos de justiça, equidade, desenvolvimento e segurança se traduzem em políticas concretas e iniciativas de cooperação e como elas são negociadas e harmonizadas dentro do bloco.

Esses e muitos outros aspectos contribuem para criar um mosaico complexo e cheio de nuances do papel dos BRICS no contexto da nova ordem mundial, exigindo uma avaliação completa e multidimensional que leve em conta as inúmeras interseções e implicações das várias dinâmicas em jogo.

O conceito da Nova Ordem Mundial (NWO) está intimamente ligado ao contexto geopolítico e socioeconômico global. Examinando o papel dos BRICS nesse cenário, é essencial considerar como esses países interpretam e influenciam as mudanças em andamento e, de forma mais ampla, a reestruturação do cenário internacional.

Nesse contexto, a importância das estratégias de soft power e da influência cultural não pode ser subestimada. Os BRICS, cada um com uma herança cultural distinta e significativa, estão usando cada vez mais seus recursos culturais como ferramentas para projetar poder e influência globalmente. Cinema, arte, música e outras formas de expressão cultural se tornam veículos por meio dos quais esses países comunicam seus valores, histórias e visões de mundo, buscando assim moldar narrativas e percepções globais.

Cada membro do BRICS desenvolveu, em graus variados, estratégias de soft power para elevar seu status e fortalecer suas agendas internacionais. Por exemplo, a China expandiu sua rede de instituições culturais e educacionais globais, como os Institutos Confúcio, promovendo a língua e a cultura chinesas em todo o mundo. Da mesma forma, o Brasil usou seu carisma cultural e esportivo (pense no futebol e no carnaval) para aprimorar sua marca internacional.

Ao discutir a NWO, também é crucial considerar o conceito de "justiça global" e como os BRICS veem e navegam nesse conceito em relação aos seus interesses e objetivos nacionais. Os países do BRICS sempre enfatizaram a necessidade de uma ordem mundial mais justa e justa que aborde as desigualdades estruturais e ofereça oportunidades e voz aos países em desenvolvimento.

A questão do desenvolvimento sustentável é outro elemento-chave na análise da dinâmica do BRICS-NWO. Os BRICS são fundamentais para os debates sobre desenvolvimento sustentável devido ao seu significativo impacto ambiental e aos desafios que enfrentam em termos de desenvolvimento e crescimento. Gestão de recursos naturais, transição energética e políticas ambientais são questões críticas que essas economias emergentes devem abordar, tanto nacionalmente quanto como parte de sua agenda e responsabilidades internacionais.

A diplomacia vacinal no contexto da pandemia da COVID-19 é outro exemplo relevante da posição dos BRICS na nova ordem mundial. A pandemia destacou tanto as divisões quanto as oportunidades de cooperação internacional. Países como China e Rússia têm usado o fornecimento de vacinas como uma ferramenta diplomática, buscando aumentar sua influência e parcerias por meio da distribuição de vacinas em várias regiões do mundo.

Também é essencial explorar as dimensões de segurança e defesa no contexto do BRICS-NWO. A forma como os países do BRICS percebem e abordam as ameaças à segurança, tanto regional quanto globalmente, e como eles coordenam e cooperam nessas questões são vitais para entender seus papéis e influências no cenário global.

Além disso, a natureza e a dinâmica das coalizões e alianças internacionais são fundamentais para moldar as perspectivas futuras da NWO e a posição dos BRICS dentro dela. Em um mundo onde as tensões entre as principais potências globais estão aumentando, alianças e parcerias estão sendo redefinidas e evoluindo.

Continuar explorando e investigando esses e outros temas fornecerá uma compreensão profunda e diferenciada de como os BRICS navegam, moldam e são moldados pela emergente geometria global do poder.

A análise dos BRICS e da Nova Ordem Mundial (NWO) nos leva a investigar outras facetas da presença e influência desses países no cenário internacional. Tecnologia, cibersegurança e digitalização são aspectos cruciais a serem explorados ao discutir a postura dessas nações dentro da geometria global do poder.

O papel dos BRICS na era digital é particularmente significativo em um mundo cada vez mais interconectado. A China, por exemplo, se posicionou como uma superpotência digital, investindo fortemente em tecnologias como inteligência artificial, 5G e blockchain. Sua Iniciativa da Rota da Seda Digital visa ampliar sua influência digital globalmente conectando a infraestrutura de telecomunicações, desenvolvendo projetos de comércio eletrônico e finanças digitais e promovendo sua visão do ciberespaço no cenário internacional.

A Índia, com sua população altamente conectada e um setor de TI em rápido crescimento, também é um participante importante no domínio digital. O país enfrenta desafios e oportunidades decorrentes de ser uma das maiores democracias digitais, incluindo questões de privacidade de dados, governança da Internet e digitalização da economia.

A Rússia, com sua experiência em segurança cibernética e presença ativa no ciberespaço, desempenha um papel influente no cenário global de segurança cibernética. Suas capacidades em inteligência cibernética e defesa cibernética são relevantes quando se discute a dinâmica da NWO e as tensões ciberpolíticas globais.

Criptomoedas e finanças digitais são outro tema importante que cruza os BRICS e a NWO. A China lançou sua própria moeda digital, enquanto outros países do BRICS estão explorando ativamente as oportunidades e os desafios das tecnologias financeiras digitais e das criptomoedas. A digitalização das finanças tem o potencial de remodelar a economia global, oferecendo novos mecanismos de comércio, investimento e governança econômica.

Questões relacionadas à justiça social e à desigualdade também são cruciais quando se discute os BRICS e a

NWO. Cada membro do BRICS enfrenta desafios significativos relacionados à desigualdade, tanto nacional quanto internacionalmente. A luta contra a pobreza, a promoção da igualdade de gênero e o acesso à educação e à saúde são questões que refletem as agendas nacionais e influenciam as posturas internacionais dos países do BRICS.

A questão das mudanças climáticas é fundamental. Os BRICS, com a Índia, a China e o Brasil entre os maiores poluidores do mundo, têm um papel significativo a desempenhar na luta global contra as mudanças climáticas. Suas políticas energéticas, compromissos internacionais e estratégias de desenvolvimento sustentável são componentes vitais de sua presença internacional e da dinâmica da NWO.

A dinâmica demográfica e a governança dos fluxos migratórios são outros aspectos que entrelaçam os BRICS e a Nova Ordem Mundial. A gestão das migrações internas e internacionais e as políticas demográficas dos países do BRICS têm implicações para o trabalho, o desenvolvimento e a segurança nos níveis nacional e global.

As estratégias diplomáticas e o uso da diplomacia pública e cultural pelos BRICS, suas narrativas nacionais e a imagem que eles projetam internacionalmente são vitais para entender como essas nações influenciam e são influenciadas pela emergente nova ordem mundial.

Nesse cenário complexo e multifacetado, os BRICS continuam navegando, contribuindo ativamente para moldar e serem moldados pelas dinâmicas e transformações da nova ordem mundial. Continuar a explorar esses e outros temas interconectados revela uma imagem complexa e multifacetada da presença dos BRICS no contexto internacional atual e futuro.

Continuando a análise da Nova Ordem Mundial (NWO) e dos BRICS, o foco agora se volta especificamente para o campo da segurança internacional e da geopolítica. Dada sua crescente influência econômica e política, os BRICS são cada vez mais atores-chave na dinâmica global do poder, e sua influência se estende a questões que vão da segurança à defesa, dos direitos humanos às mudanças climáticas.

O desafio à governança global apresentado pelos BRICS é destacado por suas tentativas de equilibrar a promoção de normas e instituições existentes com a introdução de novas ideias e plataformas. Por exemplo, o Banco de Desenvolvimento do BRICS representa uma tentativa dessas nações de criar uma alternativa às instituições financeiras internacionais existentes, como o Fundo Monetário Internacional e o Banco Mundial.

O conceito de soberania, especialmente no contexto do ciberespaço e da tecnologia da informação, é crucial quando se discute os BRICS e a NWO. A crescente digitalização e a transição para uma economia global baseada no conhecimento implicam a reformulação de normas, políticas e leis internacionais. Os BRICS, com suas várias capacidades e abordagens de tecnologia digital e cibersegurança, influenciam significativamente a estrutura do ciberespaço global, com a China e a Rússia, por exemplo, promovendo um conceito de "soberania digital".

Os conceitos de paz e segurança são igualmente essenciais para explorar a posição dos BRICS na NWO. A percepção e projeção do poder militar, bem como a abordagem da resolução e mediação de conflitos, sublinham as filosofias fundamentais desses estados em relação à segurança internacional. Cooperação e competição em contextos como o Oceano Índico e o Pacífico, bem como aspectos de segurança energética, representam áreas em que as políticas e estratégias dos BRICS influenciam profundamente a geopolítica e a dinâmica global do poder.

A questão das desigualdades globais, tanto entre os próprios países do BRICS quanto entre os BRICS e outras nações, é outro aspecto crucial. Equilibrar crescimento econômico e sustentabilidade, a luta contra a pobreza e a inclusão social representam uma dimensão fundamental da presença global dos BRICS.

Cada país membro enfrenta desafios específicos e diversos, mas a tensão entre prosperidade e igualdade é um tema comum que permeia suas agendas nacionais e internacionais.

Temas de inovação e desenvolvimento tecnológico são fundamentais para entender como os BRICS estão se posicionando no cenário global. A competição, mas também a colaboração no campo de pesquisa e desenvolvimento, inteligência artificial, biotecnologia e outras áreas de inovação tecnológica, serão decisivas para determinar a influência futura desses países na NWO.

A dimensão cultural e social é outro elemento-chave ao examinar o papel dos BRICS no contexto global. A promoção da cultura, dos valores e das normas sociais por meio de meios como diplomacia cultural e plataformas de mídia é um componente essencial da influência internacional.

Em todos os contextos, as nações do BRICS se encontram navegando em um complexo mosaico de desafios e oportunidades, buscando equilíbrios dinâmicos entre suas agendas nacionais e compromissos e pressões internacionais. Suas trajetórias, influenciadas por fatores internos e externos, não apenas moldarão os caminhos futuros de desenvolvimento dessas nações, mas também a forma e a substância da emergente nova ordem mundial (NWO) em um futuro próximo.

Explorar a Nova Ordem Mundial (NWO) e o papel dos BRICS dentro dela inevitavelmente levanta questões sobre como essas cinco nações (Brasil, Rússia, Índia, China e África do Sul) podem cooperar e competir com as instituições existentes e como suas ações podem redefinir a arquitetura global de governança.

Examinar o fenômeno da NWO requer uma avaliação cuidadosa de sua estrutura, que é impulsionada não apenas pela política, mas também por fatores econômicos, sociais, tecnológicos e culturais. A NWO é frequentemente percebida como um sistema no qual o poder e a influência globais são distribuídos de maneira mais heterogênea e multipolar, envolvendo atores não estatais, como organizações internacionais, corporações multinacionais e grupos da sociedade civil, que desempenham um papel cada vez mais significativo.

Os BRICS, com suas economias em rápido crescimento e grandes populações, representam uma força significativa dentro desse novo paradigma. No entanto, cada país tem uma abordagem única para a NWO com base em suas próprias necessidades, metas e desafios nacionais.

Por exemplo, a China é frequentemente vista como um ator fundamental na formação de um novo paradigma da Nova Ordem Mundial. Por meio de iniciativas como a Belt and Road Initiative (BRI), Pequim procurou redefinir sua posição na geopolítica global, enfatizando a cooperação e a conectividade em vez do domínio. A China também está se esforçando para se estabelecer como líder em diálogos globais sobre questões como mudanças climáticas e sustentabilidade.

A Índia, com sua democracia pluralista e economia em rápido crescimento, representa outro polo vital dentro dos BRICS. O país tem buscado ativamente uma agenda multilateral, participando ativamente de fóruns e iniciativas internacionais, e se esforça para equilibrar as relações com atores-chave, como os Estados Unidos e a China. O desafio da Índia é navegar habilmente entre a cooperação econômica e as tensões geopolíticas, particularmente em relação às fronteiras e à segurança regional.

A Rússia, com sua projeção de poder militar e recursos energéticos, desempenha um papel crucial na determinação da dinâmica de poder da NWO. Suas ações na Ucrânia e na Síria, bem como suas relações com a Europa e os Estados Unidos, continuam moldando a segurança e a estabilidade da política internacional. A Rússia também é um ator ativo no Ártico, uma região que está se tornando cada vez mais estratégica devido às mudanças climáticas e aos recursos naturais inexplorados.

O Brasil, com seus ricos recursos naturais e economia diversificada, busca equilibrar suas necessidades de desenvolvimento com a responsabilidade ambiental. O desmatamento na Amazônia e o equilíbrio entre agricultura, indústria e sustentabilidade continuam sendo questões cruciais para a posição do Brasil na NWO, assim como suas políticas sociais e a gestão da diversidade e desigualdades no país.

A África do Sul, que representa um ponto de referência para o continente africano dentro dos BRICS, enfrenta desafios como desigualdade, pobreza e a necessidade de reformas estruturais. O país desempenha um papel fundamental na promoção da estabilidade e do desenvolvimento na África e busca equilibrar isso com sua posição e compromissos no contexto global mais amplo.

Todos esses aspectos — dos desafios domésticos à participação em fóruns e órgãos internacionais, das relações bilaterais aos compromissos multilaterais e da governança econômica à promoção dos direitos humanos e do desenvolvimento sustentável — representam os alicerces com os quais os BRICS constroem seu papel na NWO, buscando continuamente remodelar e renegociar seu lugar na dinâmica global de poder e cooperação.

Continuando a aprofundar o conceito da Nova Ordem Mundial (NWO) e o papel dos BRICS, fica evidente que compreender as estratégias, objetivos e metodologias usadas por esses países para navegar na complexa rede de relações internacionais e os desafios impostos pela geopolítica global é crucial. Os BRICS não são apenas um agregado econômico; eles representam uma coalizão em que cada membro traz seus próprios recursos, desafios e aspirações.

A NWO não é um conceito estático e monolítico. É moldado e continuamente redefinido pela natureza mutável dos equilíbrios de poder, ideologias, políticas e economias das principais nações. Os BRICS, cada um com sua própria agenda e visão de mundo, buscam influenciar a Nova Ordem Mundial de maneiras únicas e diversificadas.

A China, por exemplo, implementou uma estratégia de "diplomacia da armadilha da dívida", financiando grandes projetos de infraestrutura em países em desenvolvimento e, ao mesmo tempo, criando dependência financeira e aumentando sua influência geopolítica. Sua iniciativa "One Belt, One Road" visa fortalecer e diversificar as rotas comerciais, reduzindo a dependência daquelas controladas pelas potências ocidentais.

A Índia, por outro lado, está se esforçando para aumentar seu poder e influência na região do sul da Ásia e no cenário global. O país empreendeu iniciativas para reforçar sua presença marítima, melhorar as relações com os vizinhos do sul da Ásia e construir parcerias com outras potências globais. A diplomacia da Índia opera em um terreno complexo, onde deve equilibrar a concorrência com a China e o Paquistão e, ao mesmo tempo, estabelecer relações fortes com os EUA, a Rússia e a União Europeia.

A Rússia adotou uma política externa que muitas vezes contradiz a do Ocidente. A anexação da Crimeia em 2014 e o apoio a regimes como o sírio demonstram uma clara divergência das políticas ocidentais. A Rússia usa seus recursos energéticos como uma ferramenta de influência política e, ao mesmo tempo, busca diversificar suas alianças e parceiros comerciais, incluindo atores externos, como a China e outros membros do BRICS.

O Brasil oscilou entre uma política externa voltada para o multilateralismo e períodos de foco nos interesses nacionais. Proteger seus vastos recursos naturais, juntamente com o desenvolvimento econômico e social, é um desafio contínuo. O Brasil muitas vezes busca equilibrar seu crescimento econômico com a necessidade de proteger e preservar a Amazônia, um tópico que tem causado tensões nacionais e internacionais.

A África do Sul assumiu um papel de liderança no desenvolvimento e integração da África. Por meio da União Africana e de outros fóruns regionais, a África do Sul visa abordar questões como segurança, desenvolvimento sustentável e cooperação econômica, ao mesmo tempo em que enfrenta desafios internos, como desigualdades econômicas, questões sociais e a necessidade de crescimento estável e inclusivo.

Explorando esses aspectos, fica claro que os BRICS são colaboradores e rivais, tanto em nível bilateral quanto dentro do contexto multilateral da NWO. O desafio no futuro será navegar por essas dinâmicas, gerenciar as tensões e construir um diálogo que promova não apenas os interesses nacionais, mas também a cooperação e o desenvolvimento globais sustentáveis. Nesse contexto, o conceito de NWO continua evoluindo, influenciado pelas trajetórias e interações desses atores significativos no cenário mundial.

O conceito da Nova Ordem Mundial, sendo tão elástico quanto complexo, transcende meras construções geopolíticas ou econômicas, mergulhando nos domínios da ideologia, cultura e normas internacionais. Sua realização, ou mesmo sua configuração, varia significativamente dependendo das lentes pelas quais é observada: o capitalista ocidental, o socialista, o autoritário ou o teórico do desenvolvimento do Sul global, cada um terá uma visão diferente do que a NWO representa ou deveria representar.

Ao contrário de uma entidade ocidental monolítica, os BRICS oferecem uma paleta de abordagens sobre globalização, soberania, democracia, desenvolvimento e segurança internacional. Essa diversidade, tanto em termos de desafios internos quanto de objetivos externos, representa uma oportunidade e um desafio para moldar uma ordem mundial emergente.

A dinâmica da Nova Ordem Mundial será amplamente definida pela forma como as potências do BRICS negociam suas relações bilaterais e multilaterais com o Ocidente, bem como entre si. A articulação de suas agendas domésticas com as expectativas e pressões internacionais desempenhará um papel fundamental nesse contexto.

A China, com seu enorme peso econômico e crescente presença militar, continuará sendo um agente chave de mudança na Nova Ordem Mundial, buscando remodelar as normas e instituições globais em favor de um sistema que reflita melhor seus interesses e valores nacionais. Seu relacionamento com a Índia, em particular, será crucial, pois ambas as nações aspiram a uma maior influência global, mas também estão envolvidas em questões regionais e questões de segurança bilateral não resolvidas.

A Índia, por outro lado, manobrará em uma posição de equilíbrio de poder entre a adesão a uma ordem liberal baseada em regras e a necessidade de gerenciar uma relação complexa e às vezes conflituosa com a China. Sua adesão aos princípios democráticos o coloca em um contexto único entre os BRICS, que muitas vezes se inclinam para o autoritarismo estatal ou a democracia iliberal.

A Rússia, isolada pelas sanções ocidentais e impulsionada por um maior autoritarismo interno e ativismo estrangeiro, navega entre a necessidade de cooperar com a China e a Índia e proteger seus interesses nas antigas repúblicas soviéticas, uma área que considera de vital interesse nacional.

O Brasil e a África do Sul, ambas potências regionais com desafios internos significativos, serão atores-chave na definição de como o Sul Global, particularmente a África e a América Latina, se posicionarão no contexto da Nova Ordem Mundial. Sua capacidade de equilibrar o desenvolvimento econômico doméstico, a sustentabilidade ambiental e as expectativas da comunidade internacional definirá sua influência e liderança não apenas em suas respectivas regiões, mas também no contexto mais amplo da NWO.

Em conclusão, a Nova Ordem Mundial e o papel dos BRICS dentro dela serão fortemente influenciados pela dinâmica interna e externa desses países, suas interações entre si e suas relações com outras potências globais e regionais. Uma interação complexa de cooperação e conflito, convergência e divergência de interesses e valores moldará o cenário global nos próximos anos e décadas. A profundidade e a substância do discurso e da análise sobre essas questões serão, portanto, essenciais para compreender e navegar no cenário complexo e em evolução da futura ordem mundial.

6. Impacto dos BRICS na Nova Ordem Mundial

Os BRICS, tanto coletivamente quanto como atores individuais, desempenham um papel crucial na formação da Nova Ordem Mundial (NWO), não apenas devido à sua força econômica, mas também por meio de seu peso geopolítico e políticas externas.

A. Importância econômica global

1. **Influência econômica:** As economias combinadas dos BRICS têm uma influência global significativa, e as decisões econômicas tomadas por esses países geralmente têm repercussões muito além de suas fronteiras.

2. **Investimentos diretos:** os BRICS servem como fontes e destinos para investimentos estrangeiros diretos substanciais, contribuindo

para estabelecer laços econômicos com várias regiões do mundo.

3. **Comércio:** O aumento do comércio intra-BRICS e do comércio com outras nações influencia a dinâmica do comércio global, criando novas rotas e alterando os equilíbrios existentes.

B. Contribuição para a governança global

1. **Instituições multilaterais:** A participação dos BRICS e, às vezes, a contestação das instituições multilaterais existentes destacam seu desejo de reformar a governança global.

2. **Criação de novas plataformas:** O estabelecimento de novas plataformas e instituições, como o Banco de Desenvolvimento do BRICS, indica interesse em criar alternativas aos mecanismos ocidentais tradicionais.

C. Abordagem da soberania e do intervencionismo

1. **Princípio da Não Interferência:** Seu compromisso comum com o princípio da não interferência nos assuntos internos informa sua abordagem às questões internacionais.

2. **Resposta aos conflitos:** A posição do BRICS sobre conflitos e crises internacionais geralmente se opõe à das potências ocidentais, oferecendo

alternativas ou contrastando as soluções propostas.

D. Dinâmica regional e bilateral

1. **Relações bilaterais: As** relações bilaterais entre os membros do BRICS e outras nações influenciam alianças e conflitos globais.

2. **Liderança regional:** A forma como os BRICS influenciam e gerenciam suas respectivas regiões também determina a evolução do poder global.

E. Questões globais de segurança

1. **Política de segurança:** Os BRICS são vitais para abordar questões de segurança, como proliferação nuclear, cibersegurança e terrorismo.

2. **Cooperação militar: A cooperação militar** intra-BRICS e a cooperação com outras nações podem influenciar os equilíbrios de poder e estabelecer novas coalizões de segurança.

F. Desafios ambientais e climáticos

1. **Mudanças climáticas:** Dada sua escala, as políticas ambientais do BRICS são cruciais para moldar os esforços globais contra as mudanças climáticas.

2. **Sustentabilidade:** O crescimento econômico dos BRICS levanta questões sobre sustentabilidade e o equilíbrio entre desenvolvimento e conservação.

G. Disparidades e desenvolvimento socioeconômico • Crescimento e desigualdade: O crescimento econômico dos BRICS trouxe benefícios significativos, mas também levou a desigualdades dentro e entre os países, levantando questões de equilíbrio entre expansão econômica e justiça social e redução da pobreza. • **Migrações:** A atratividade econômica e as oportunidades nos BRICS impulsionam a migração interna e internacional, influenciando a dinâmica demográfica e social que, por sua vez, impacta as políticas e as relações internacionais.

H. Inovação e competitividade global • Tecnologia e digitalização: A revolução digital e a inovação tecnológica nos BRICS não apenas fortalecem suas economias, mas também criam novos desafios em termos de regulamentação, segurança e competitividade global.

• **Educação e Pesquisa:** Investimentos em educação e pesquisa são cruciais para manter e melhorar a competitividade global do BRICS, exigindo uma análise aprofundada de como essas áreas influenciam e são influenciadas pela dinâmica internacional.

I. Questões demográficas e sociais

• **Envelhecimento e juventude:** Várias nuances demográficas nos BRICS, como sociedades envelhecidas e populações jovens, criam uma matriz de desafios e oportunidades que influenciam as políticas domésticas e as relações internacionais.

• **Cultura e identidade:** A diversidade cultural e as questões de identidade dentro do BRICS são relevantes para entender as trajetórias políticas domésticas e como elas se cruzam com a política externa e as relações internacionais.

J. Políticas de saúde e pandemias

• **Saúde global:** os BRICS desempenham um papel fundamental nas políticas globais de saúde, e a gestão de crises de saúde, como a pandemia da COVID-19, ressalta a importância da cooperação internacional e da governança da saúde.

• **Acesso e inovação em saúde:** O acesso aos serviços de saúde e às inovações médicas influenciam e são influenciados pela dinâmica econômica e política global na qual os BRICS estão profundamente interligados.

K. Dinâmica de poder e liderança

• **Soft Power:** O exercício do poder brando por meio da cultura, da mídia e das relações internacionais pelo

BRICS é um campo que merece uma análise completa para entender suas implicações na dinâmica global do poder.

• **Liderança internacional:** A forma como os BRICS exercem liderança e influenciam as normas internacionais em vários campos, do meio ambiente aos direitos humanos, é crucial para compreender as trajetórias futuras da NWO.

L. Recursos e meio ambiente

• **Gestão de recursos:** as políticas e práticas relacionadas à gestão dos recursos naturais nos BRICS não afetam apenas suas economias, mas também as globais, com implicações para a segurança, cooperação e conflito.

• **Políticas ambientais:** os BRICS desempenham um papel central na dinâmica ambiental global, e sua abordagem às políticas climáticas e ambientais será crucial para enfrentar os desafios ecológicos no futuro.

Os BRICS, attraverso tutte queste dimensioni, são atores fundamentais na modelagem das dinâmicas globais, sia in termini di economics che di geopolitica. La loro crescita, le sfide interne, e il modo in cui gestiscono le loro politiche esterne, diventano, quindi, di vitale importanza per compreendere e analizzare l'evoluzione del nuovo ordine mondiale. Examinare ciascuna di queste aree con uno sguardo critico e analitico consentirà di compreendere meglio il ruolo e l'imppatto delle BRICS nel contesto globale più ampio, gettando luce su potenziali scenari futuri e sulle sfide che il mondo affronterà nei proximi anni e decenni.

6. Impacto dos BRICS na Nova Ordem Mundial

A. Multilateralismo e instituições internacionais • Interações institucionais: os BRICS, com sua influência coletiva, interagem, desafiam e às vezes buscam reformar instituições internacionais existentes, como a ONU, o FMI e o Banco Mundial, para melhor refletir e acomodar seus interesses e prioridades.

• **Cooperação multilateral:** Eles geralmente visam equilibrar o unilateralismo de algumas potências com a cooperação multilateral aprimorada, buscando maior equidade e representação no sistema internacional.

B. Cooperação Sul-Sul

• **Laços econômicos e políticos:** os BRICS trabalham ativamente para desenvolver e fortalecer os laços econômicos e políticos entre os países do Sul Global, fornecendo uma alternativa ao domínio tradicional das potências ocidentais.

• **Plataformas de diálogo:** elas criam e utilizam plataformas de diálogo e cooperação, como a Cúpula do BRICS, para promover a colaboração Sul-Sul e promover agendas compartilhadas sobre questões globais.

C. Construindo novas estruturas

• **Iniciativas econômicas:** os BRICS estão ativamente envolvidos na construção de novas estruturas e iniciativas econômicas, como o Novo Banco de Desenvolvimento, que visa oferecer alternativas de financiamento para projetos de desenvolvimento no mundo em desenvolvimento.

• **Redes de comércio:** Eles buscam estabelecer redes de comércio e investimentos que possam diversificar suas economias, reduzir a dependência das potências ocidentais e aumentar a resiliência econômica mútua.

D. Política de Segurança e Defesa

• **Estabilidade regional:** os BRICS estão ativamente engajados na busca de manter e, em alguns casos, estabilizar as regiões em que estão situados, enfrentando desafios como terrorismo, pirataria e conflitos regionais. • Cooperação em **segurança: Eles também exploram áreas de cooperação** em segurança e defesa, equilibrando suas políticas de segurança nacional com a necessidade de enfrentar desafios coletivos e transnacionais.

E. Estratégias de investimento e desenvolvimento

• **Investimentos diretos:** os BRICS se tornaram fontes significativas de investimentos estrangeiros diretos, influenciando o desenvolvimento econômico em muitas regiões por meio do financiamento de infraestrutura, criação de empregos e aumento do comércio.

• **Influência econômica:** Ao investir em países em desenvolvimento, eles também aumentam sua influência econômica e política, moldando a dinâmica de poder global e regional.

F. Promoção de valores e normas • Modelos de **desenvolvimento: os BRICS oferecem modelos** alternativos de desenvolvimento e governança que muitas vezes contrastam com aqueles propostos pelas democracias liberais ocidentais, desafiando os paradigmas existentes em questões como governança global e desenvolvimento sustentável. • **Valores e princípios: Ao mesmo tempo em que promovem a não interferência e** o respeito à soberania, as ações do BRICS também refletem e moldam as normas globais emergentes, influenciando as regras e práticas internacionais.

G. Mudanças no comércio global • Cadeias de suprimentos: os BRICS influenciam significativamente as cadeias de suprimentos globais, não apenas como grandes produtores e exportadores, mas também por meio da criação e desenvolvimento de novos mercados e parcerias comerciais. • **Novas rotas comerciais:** ao investir em infraestrutura global, como a Iniciativa Cinturão e Rota da China, eles também estão remodelando rotas comerciais e redes de transporte, afetando a economia global e a dinâmica do poder.

H. Desafios e soluções globais • Mudança climática: Como alguns dos maiores poluidores e consumidores de recursos, os BRICS são fundamentais para discussões e ações relacionadas à mudança climática, e suas políticas ambientais e energéticas terão um impacto significativo na capacidade do mundo de lidar com futuras crises ecológicas. • **Saúde global:** após a pandemia da COVID-19, o gerenciamento das crises globais de saúde e o acesso a bens públicos globais, como vacinas, tornaram-se centrais, e as políticas e ações do BRICS nessas áreas serão cruciais em moldando os futuros sistemas globais de saúde.

Por meio desses temas, o impacto dos BRICS na Nova Ordem Mundial pode ser examinado e compreendido em múltiplas dimensões. Com sua crescente influência e complexas dinâmicas internas e externas, os BRICS continuam a desempenhar um papel fundamental na remodelação de estruturas e processos globais, oferecendo novos caminhos e perspectivas, mas também apresentando novos desafios e tensões que exigem análise e compreensão cuidadosas. Sua capacidade de navegar por essas dinâmicas, construir coesão interna e gerenciar relações externas eficazes será fundamental para seu impacto e papel futuros no sistema internacional.

O impacto dos BRICS no contexto da Nova Ordem Mundial permanece profundamente interconectado com vários aspectos, incluindo políticas de tecnologia, diplomacia cultural e influência em fóruns internacionais.

Tecnologia e Inovação • Pesquisa e Desenvolvimento: O coletivo BRICS coloca uma forte ênfase em pesquisa e desenvolvimento, investindo em áreas como inteligência artificial, biotecnologia e energia renovável. As inovações desses países, como os avanços na produção de vacinas e o desenvolvimento de tecnologias verdes, têm um impacto direto na comunidade global. • **Normas cibernéticas: no mundo digitalizado de hoje, a governança da Internet e as normas** cibernéticas estão se tornando cada vez mais cruciais. Como mercados significativos para consumidores digitais e atores influentes na definição das normas do ciberespaço, os BRICS exercem considerável influência nas discussões globais relacionadas à segurança cibernética e à proteção de dados.

Diplomacia cultural • Soft Power: A diplomacia cultural por meio do poder brando representa outro veículo pelo qual os BRICS buscam moldar a Nova Ordem Mundial. Seja no cinema de Bollywood, na arte brasileira ou na promoção da língua russa, os esforços para projetar o poder brando não apenas aumentam sua influência cultural, mas também constroem pontes e criam percepções além das fronteiras. • **Educação: Além disso, a educação** e os intercâmbios acadêmicos fornecem outro meio pelo qual os BRICS constroem conexões e influenciam o discurso global. Universidades como Tsinghua na China ou IIT na Índia estão se tornando cada vez mais influentes na educação da próxima geração de líderes globais.

Fóruns e plataformas globais • Liderança global: A presença do BRICS em fóruns globais como o G20, a OMC e outros espaços multilaterais está se tornando mais proeminente. Usando essas plataformas, eles podem influenciar as decisões econômicas globais e moldar a agenda em questões como comércio internacional, tributação digital e dívida soberana. • **Colaboração e concorrência:** embora os BRICS colaborem em alguns fóruns e contextos, eles também se encontram em situações de competição e rivalidade, tanto entre si quanto com outras potências globais. Essa dinâmica dualista de colaboração e competição geralmente reflete como os BRICS buscam moldar e responder às estruturas e desafios globais emergentes.

Mudanças demográficas e sociais • Dinâmica populacional: A dinâmica demográfica dentro do BRICS, incluindo os desafios do envelhecimento da população em países como China e Rússia, em contraste com os booms demográficos em países como a Índia, cria oportunidades e desafios. A influência dos BRICS e sua capacidade de moldar a ordem mundial estão intimamente interconectadas com a gestão de sua dinâmica demográfica e social interna. • **Questões sociais:** a atenção à justiça social, igualdade e desenvolvimento inclusivo dentro do BRICS também se traduz em uma série de políticas e abordagens que podem influenciar as normas e valores globais, bem como a aceitação e implementação de acordos internacionais e metas de desenvolvimento.

Recursos naturais e meio ambiente • Segurança de recursos: os BRICS, ricos em recursos, desempenham um papel fundamental na gestão e no uso sustentável dos recursos naturais, influenciando a dinâmica global relacionada à segurança de recursos, gestão ambiental e mudanças climáticas. • **Estratégias ambientais: A adoção de tecnologias e estratégias** verdes para mitigar as mudanças climáticas, bem como seu compromisso com os Objetivos de Desenvolvimento Sustentável da ONU e as metas do Acordo de Paris, impactarão significativamente as políticas ambientais globais e dinâmicas de desenvolvimento sustentável.

Essa visão geral, embora não seja exaustiva, mostra como os BRICS influenciam e são influenciados pelo contexto mais amplo da dinâmica global, impactando a formação da nova ordem mundial por meio de vários canais e mecanismos. Sua trajetória e decisões futuras continuarão sendo um fator crucial na definição das tendências globais nas próximas décadas.

Desenvolvimento sustentável e desafios ambientais Os BRICS, com seu rápido e contínuo crescimento econômico, devem enfrentar vários desafios relacionados à sustentabilidade ambiental. A forma como essas nações enfrentam os desafios ambientais e de desenvolvimento sustentável terá um impacto significativo no meio ambiente global, dada sua extensa pegada ecológica. • **Compromisso ambiental:** os BRICS estão gradualmente emergindo como atores-chave nas discussões internacionais sobre mudanças climáticas e biodiversidade. Suas abordagens e compromissos para alcançar os Objetivos de Desenvolvimento Sustentável da ONU e as metas do Acordo de Paris influenciarão muito o futuro do planeta.

Segurança e estabilidade regional As políticas de segurança e defesa do BRICS e a forma como gerenciam conflitos e tensões regionais influenciam a estabilidade global. • Tensões **regionais:** na Ásia, por exemplo, os equilíbrios de poder e as tensões entre a Índia e a China podem moldar a geopolítica regional e global. Da mesma forma, as relações da Rússia com seus vizinhos europeus e as posturas do Brasil e da África do Sul em seus contextos regionais são dinâmicas vitais.

Cooperação em saúde A cooperação em saúde entre os BRICS cresceu, especialmente à luz da pandemia da COVID-19. • **Gestão da pandemia:** a abordagem coletiva do BRICS para gerenciar crises de saúde, produção e distribuição de vacinas e colaboração na pesquisa científica influenciam a saúde global e a resposta às pandemias.

Integração **econômica e comercial A integração** econômica e comercial entre os BRICS é outro aspecto fundamental. • **Acordos comerciais:** O desenvolvimento de acordos comerciais bilaterais e multilaterais e a forma como os BRICS se envolvem com outras economias emergentes e desenvolvidas ajudarão a definir o futuro da ordem econômica global.

Esforços anticorrupção Os BRICS também se comprometeram coletiva e individualmente com o combate à corrupção. • **Normas anticorrupção:** A adoção e implementação de regulamentos e leis anticorrupção têm um impacto não apenas em nível nacional, mas também internacional, influenciando a governança e os padrões globais nos setores financeiro e corporativo.

Desenvolvimento de infraestrutura Os BRICS estão investindo fortemente no desenvolvimento de infraestrutura, um elemento vital para o crescimento econômico. • **Iniciativas de infraestrutura:** a Iniciativa do Cinturão e Rota da China, projetos de infraestrutura na Índia e esforços similares no Brasil, na Rússia e na África do Sul não estão apenas mudando a paisagem física dessas nações, mas também a dinâmica econômica e geopolítica regional.

Inovação no setor financeiro • Instituições financeiras do BRICS: A criação de instituições financeiras como o Novo Banco de Desenvolvimento (NDB) do BRICS é um exemplo claro do desejo do grupo de moldar a arquitetura financeira global e fornecer alternativas às instituições lideradas pelo Ocidente.

Essas dinâmicas refletem a interconexão e a influência mútua dos BRICS no contexto global, mostrando como suas políticas internas e externas se cruzam com os desafios e oportunidades da Nova Ordem Mundial. A capacidade dos BRICS de colaborar, coordenar políticas e construir soluções compartilhadas para os desafios globais será crucial para sua influência futura no cenário global.

Políticas sociais e desigualdades • Iniquidade social: Dentro do BRICS, a disparidade de renda, as desigualdades sociais e os desafios relacionados a gênero e etnia são questões significativas que impactam suas políticas sociais e econômicas domésticas e sua abordagem à cooperação e desenvolvimento internacionais.

Mudança demográfica Os BRICS são caracterizados por diversas tendências demográficas que, por sua vez, influenciam suas políticas e perspectivas globais. • **Dinâmica demográfica:** a Índia, por exemplo, se destaca por sua população relativamente jovem e rápida urbanização, enquanto a China está lidando com o envelhecimento da população devido em parte à sua política anterior do filho único. Essas diversas dinâmicas demográficas afetam as políticas domésticas e as perspectivas de desenvolvimento de longo prazo.

Segurança energética • Dependência energética: A segurança energética e a dependência de combustíveis fósseis, especialmente no contexto das mudanças climáticas e da evolução da energia renovável, são questões centrais. A Rússia é exportadora líquida de energia, enquanto a Índia é um dos maiores importadores de petróleo do mundo. Essas dinâmicas impactam profundamente suas políticas energéticas e seu compromisso com a transição energética.

Cultura e poder brando • Influência cultural: Os BRICS também estão buscando expandir sua influência cultural e poder brando global por meio de vários meios, incluindo mídia, cultura, educação e diplomacia pública, a fim de aumentar seu impacto e atratividade no cenário mundial.

Diplomacia vacinal • Vacinação: A distribuição de vacinas, particularmente evidente durante a pandemia de COVID-19, tornou-se uma ferramenta diplomática. A China e a Rússia, por exemplo, têm usado o fornecimento de vacinas como uma ferramenta da diplomacia global, buscando aumentar sua influência em regiões estratégicas.

Tecnologia e cibersegurança • Guerra cibernética: Em uma era dominada pela tecnologia e pela informação, os BRICS também estão explorando o domínio cibernético. A segurança cibernética e a guerra cibernética se tornaram questões cruciais não apenas para a segurança nacional, mas também para a estabilidade econômica e as operações diárias.

Turismo e intercâmbios culturais • Intercâmbios interculturais: O turismo e os intercâmbios culturais entre os BRICS e com outras nações representam outro mecanismo por meio do qual essas nações buscam melhorar a compreensão mútua e fortalecer os laços em vários níveis.

Cooperação no setor espacial • Exploração espacial: os BRICS também estão colaborando no setor espacial. Por exemplo, a China e a Rússia anunciaram planos conjuntos para construir uma estação espacial lunar.

Com seus desafios e oportunidades diversos e complexos, os BRICS continuarão a desempenhar um papel fundamental na formação das trajetórias futuras da nova ordem mundial. A forma como eles gerenciam seus desafios internos e navegam pela dinâmica internacional determinará não apenas seu destino, mas também terá um impacto significativo na geopolítica global e na economia global em um futuro próximo.

Impacto dos BRICS na Nova Ordem Mundial Os
BRICS, com sua crescente importância econômica,
política e militar, estão assumindo um papel cada vez
mais dominante na ordem mundial. Este ponto pode
ser desenvolvido com especial atenção aos seguintes
subtópicos:

Impacto econômico: os BRICS são uma força
motriz significativa na economia global, com
contribuições substanciais para o PIB global e o
comércio internacional. A expansão de suas economias
influenciou o comércio internacional e a dinâmica
financeira, mudando gradualmente o centro de
gravidade econômico global. Por exemplo, a China se
tornou a segunda maior economia do mundo e um
pilar fundamental do crescimento global.

Liderança política: os BRICS se tornaram mais
assertivos em exercer sua influência política e moldar a
governança global. Sua cooperação em fóruns
multilaterais e a formação de alianças (como a própria
organização BRICS) criaram novas plataformas e
veículos para ação e influência política global.

Segurança e Defesa: Nos domínios militar e de
segurança, os BRICS estão aprimorando suas
capacidades defensivas e de segurança. Sua
participação e compromisso com conflitos regionais e
questões de segurança global, como as missões de

manutenção da paz da ONU, estão moldando novos equilíbrios de poder.

Meio ambiente e sustentabilidade: os BRICS, estando entre os maiores emissores de gases de efeito estufa e tendo uma pegada ecológica significativa, desempenham um papel crucial na dinâmica ambiental global. Suas políticas e compromissos em relação às mudanças climáticas e à sustentabilidade são fundamentais para o futuro do planeta.

Tecnologia e inovação: Em termos de tecnologia e inovação, os BRICS estão na vanguarda do desenvolvimento e implementação de tecnologias emergentes, como inteligência artificial e biotecnologia, influenciando as regulamentações globais, a ética e a dinâmica competitiva.

Relações internacionais: As relações dos BRICS entre si e com outras potências globais são outro aspecto crucial. A forma como os BRICS interagem com nações como os Estados Unidos, a União Europeia e outras potências emergentes estabelece novas dinâmicas e polarizações no cenário internacional.

Desafios e oportunidades: Desafios como desigualdades internas, questões sociais e tensões políticas, juntamente com oportunidades como potencial de crescimento econômico e desenvolvimento tecnológico, definem os caminhos futuros dos BRICS e seu impacto na ordem mundial.

Em conclusão, por meio de suas políticas, estratégias e interações globais, os BRICS estão moldando a nova ordem mundial, influenciando a dinâmica econômica, política e social global. Sua colaboração, tensões internas e relações externas criam uma intrincada rede de cooperação e competição que será decisiva para a configuração futura da política internacional, da economia e da sociedade. Analisar e compreender as trajetórias, estratégias e dinâmicas dos BRICS são essenciais para decifrar e prever a evolução da paisagem global no século 21.

7. Tecnologia e Inovação • Papel dos BRICS no desenvolvimento tecnológico e na inovação.

Tecnologia e inovação nos BRICS O papel dos BRICS (Brasil, Rússia, Índia, China e África do Sul) no desenvolvimento tecnológico e na inovação é particularmente influente e oferece uma paisagem vasta e complexa para explorar, dada a diversidade e as especificidades de cada nação membro. Abaixo estão vários aspectos relacionados ao papel dos BRICS no cenário tecnológico e inovador global.

A. Dinâmica da Inovação e do Desenvolvimento Tecnológico Os BRICS são atores significativos no campo da inovação tecnológica, com um impacto global crescente.

1. **China:** Com sua industrialização massiva e a estratégia "Made in China 2025", o país pretende

se tornar líder em vários setores de alta tecnologia, incluindo inteligência artificial, robótica, tecnologia da informação, energia renovável e veículos elétricos.

2. **Índia:** Conhecida por seu robusto setor de TI e inovação em serviços de tecnologia, a Índia tem um ecossistema de startups em rápido crescimento e está avançando em biotecnologia, tecnologia espacial e energia renovável.

3. **Brasil:** Destaca-se por suas pesquisas em energia renovável, particularmente na produção de bioetanol e na pesquisa agrícola avançada, apesar dos desafios na alocação de recursos para P&D.

4. **Rússia:** Tem pontos fortes nos setores aeroespacial e nuclear e busca diversificar sua economia aumentando os investimentos em inovação e tecnologia.

5. **África do Sul:** Apesar de enfrentar vários desafios, o país desempenha um papel significativo no desenvolvimento tecnológico no continente africano, com foco em tecnologia da informação, energia renovável e astronomia.

B. Colaboração e competição tecnológica Os BRICS se envolvem em cooperação e competição nos campos de inovação e tecnologia, criando uma rede complexa de parcerias e rivalidades. • **Cooperação:** Existem vários exemplos de colaboração entre os BRICS, como iniciativas conjuntas de pesquisa e desenvolvimento, conferências científicas e parcerias no setor espacial. • **Competição: A competição** pelo domínio em setores-chave, como inteligência artificial e telecomunicações (por exemplo, redes 5G), é palpável entre os membros do BRICS, particularmente entre a China e a Índia.

C. Implicações globais da tecnologia e inovação do BRICS

A crescente influência dos BRICS em tecnologia e inovação tem várias implicações globais:

- **Economia global:** A inovação tecnológica nos BRICS influencia a dinâmica econômica global, oferecendo novas oportunidades de mercado e criando novos centros de produção e desenvolvimento tecnológico.

- **Segurança cibernética:** Capacidades tecnológicas avançadas também implicam uma capacidade crescente de influenciar o ciberespaço, com os BRICS se tornando atores relevantes na segurança cibernética e na guerra cibernética.

- **Meio ambiente:** O desenvolvimento de tecnologias verdes e soluções inovadoras para as mudanças climáticas pelo BRICS pode ter um impacto significativo na dinâmica ambiental global.

D. Desafios e oportunidades

Os BRICS enfrentam uma série de desafios relacionados à inovação, incluindo proteção à propriedade intelectual, promoção de pesquisa e desenvolvimento e fomento de talentos científicos e tecnológicos.

- **Oportunidades:** os BRICS podem alavancar sua experiência e recursos para catalisar a inovação, por exemplo, promovendo startups e atraindo investimentos estrangeiros.

- **Desafios:** Questões como acesso equitativo à tecnologia, patenteabilidade e considerações éticas em inovação são cruciais e representam desafios significativos.

Em conclusão, os BRICS, com sua dinâmica distinta de desenvolvimento tecnológico e inovação, moldam não apenas suas trajetórias de crescimento, mas também influenciam a arquitetura tecnológica e inovadora global. O equilíbrio entre colaboração e competição, desafios internos e as implicações globais de sua ascensão tecnológica formam um contexto rico e multifacetado que merece uma análise aprofundada e multifacetada para compreender completamente a dinâmica futura da inovação e tecnologia globais.

Expandindo a discussão sobre tecnologia e inovação nos BRICS

E. Digitalização e o setor de tecnologia

A digitalização assumiu um papel proeminente nas economias dos BRICS, levando à transformação digital em vários setores. Por exemplo, o lançamento e a adoção de tecnologias digitais nos BRICS influenciaram significativamente a infraestrutura existente e o cenário socioeconômico dos países membros.

- **Fintech:** O setor de tecnologia financeira (Fintech) teve um desenvolvimento significativo nos países do BRICS, especialmente na China e na Índia, onde o advento de plataformas de pagamento digital como Alipay e Paytm revolucionou as transações financeiras e a cultura de crédito.

- **Comércio eletrônico:** O setor de comércio eletrônico está se expandindo, com gigantes como Alibaba e Flipkart dominando os mercados

locais e começando a fazer incursões
internacionais.

F. Sustentabilidade tecnológica

A inovação tecnológica nos países do BRICS engloba
não apenas o avanço tecnológico, mas também sua
sustentabilidade.

- **Energia:** As tecnologias sustentáveis,
  especialmente aquelas relacionadas às energias
  renováveis, estão na vanguarda da pesquisa e
  desenvolvimento. A China, por exemplo, é um
  dos principais produtores mundiais de painéis
  solares.

- **Veículos elétricos:** A adoção e produção de
  veículos elétricos são outra área em que os países
  do BRICS estão investindo significativamente,
  com o objetivo de reduzir a dependência de
  combustíveis fósseis e limitar as emissões de
  CO_2.

G. Ecossistema de startups

O cenário de startups nos países do BRICS apresenta
um panorama diversificado, rico em oportunidades,
mas também em desafios.

- **Inovação no empreendedorismo:** embora centros como Bangalore e Shenzhen sejam reconhecidos como centros de inovação, obstáculos como burocracia e acesso ao financiamento continuam sendo desafios que as startups devem enfrentar nesses países.

- **Investimentos:** A disponibilidade de capital de risco, investidores anjos e incubadoras tem desempenhado um papel crucial na promoção do ecossistema de startups, embora a dinâmica do investimento varie consideravelmente entre os países do BRICS.

H. Inclusão digital e disparidades

Apesar da rápida digitalização, uma parcela significativa da população nos países do BRICS continua excluída dos benefícios da revolução digital.

- **Acesso à tecnologia:** as disparidades no acesso à Internet e às tecnologias digitais entre áreas urbanas e rurais persistem, afetando a equidade da inovação tecnológica.

- **Alfabetização digital:** A alfabetização digital é outro desafio, com uma parcela significativa da população sem as habilidades necessárias para navegar no mundo digital.

I. Pesquisa e Desenvolvimento (P&D)

Pesquisa e desenvolvimento (P&D) são componentes fundamentais da inovação, e os países do BRICS estão buscando aumentar seus investimentos nessa área.

- **Colaboração internacional:** Existem vários exemplos de colaboração em P&D dentro do bloco BRICS e com outros países e organizações internacionais.

- **Brexit e inovação:** Países como Índia e China exploraram novas oportunidades de colaboração em P&D com o Reino Unido após o Brexit, criando novos canais para o intercâmbio científico e tecnológico.

J. Biotecnologia e Saúde

Os países do BRICS também estão explorando o campo da biotecnologia, com um foco particular na saúde.

- **Vacinas:** A pandemia de COVID-19 destacou a importância da pesquisa e desenvolvimento de biotecnologia, com a Índia e a China se tornando atores-chave na produção e distribuição de vacinas em todo o mundo.

- **Genômica:** A pesquisa em genômica e medicina genética está crescendo, com a criação de bancos de genes e projetos de sequenciamento em grande escala.

K. Inteligência artificial e automação

Os BRICS reconheceram a inteligência artificial (IA) e a automação como setores-chave para o crescimento econômico futuro e a competitividade global.

- **Adoção da IA:** a China se posiciona como líder global em adoção e desenvolvimento de IA, com o objetivo de se tornar o principal centro mundial de inovação em IA até 2030.

- **Ética e IA:** Há discussões crescentes sobre as implicações éticas da IA e as políticas necessárias para garantir o desenvolvimento e a adoção da IA eticamente aceitáveis e socialmente benéficos.

L. Cibersegurança

Em uma era de crescente digitalização, a segurança cibernética se torna essencial.

- **Ataques cibernéticos:** Com o aumento das ameaças cibernéticas, os BRICS estão ativamente engajados no desenvolvimento de soluções avançadas de segurança cibernética e no treinamento de especialistas na área.

- **Políticas de segurança cibernética:** O estabelecimento de políticas e protocolos robustos para garantir a segurança da infraestrutura crítica e dos dados do usuário é crucial.

M. Tecnologia espacial e de satélite

A tecnologia espacial é outra área na qual os países do BRICS estão se esforçando para fazer avanços significativos.

- **Missões espaciais:** a China e a Índia lançaram com sucesso várias missões espaciais, com objetivos que vão desde a exploração lunar até o lançamento de satélites para monitoramento do clima.

- **Cooperação espacial:** A cooperação dentro do bloco BRICS pode envolver o compartilhamento de recursos e conhecimentos no campo da tecnologia espacial.

N. Educação e Formação Tecnológica

Para um crescimento sustentável no setor de tecnologia, um investimento sólido em educação é indispensável.

- **Educação STEM:** Uma forte ênfase na educação em Ciência, Tecnologia, Engenharia e Matemática (STEM) é crucial para o desenvolvimento de talentos que possam impulsionar a inovação futura.

- **Universidades e Pesquisa:** As universidades nos países do BRICS estão se tornando cada vez mais reconhecidas por pesquisas em campos tecnológicos avançados.

O. Políticas e leis regulatórias

A inovação tecnológica também requer uma estrutura regulatória adequada para apoiar e orientar o desenvolvimento seguro de novas tecnologias.

- **Propriedade intelectual:** Questões relacionadas à propriedade intelectual e patentes são essenciais para proteger inovações e incentivar mais pesquisas e desenvolvimento.

- **Regulamentos de IA:** A regulamentação da IA, incluindo questões de privacidade e uso de dados, é uma área que requer atenção e desenvolvimento dos países do BRICS.

P. Agritech e Inovação Agrícola

A inovação tecnológica não se limita aos centros urbanos ou aos setores tradicionais de TI, mas também tem um impacto significativo na agricultura.

- **Tecnologias agrícolas:** Novas tecnologias, incluindo drones, IoT e robótica, estão encontrando aplicações inovadoras na agricultura, com foco particular na sustentabilidade e eficiência.

- **Bioengenharia:** A pesquisa no campo agrícola vai desde a criação de novas variedades de culturas até a produção de alimentos de forma mais eficiente e sustentável.

Cada um desses pontos representa um setor vital e uma faceta da inovação e do desenvolvimento tecnológico nas nações do BRICS. As trajetórias, metas e desafios de desenvolvimento variam entre os membros; no entanto, eles compartilham um interesse comum em cultivar avanços tecnológicos e manter uma posição de destaque no cenário global da inovação. À medida que o cenário tecnológico global continua evoluindo, é provável que os BRICS continuem sendo os principais agentes na formação do futuro da inovação tecnológica global, com cada país tendo suas próprias especializações e áreas de excelência.

P. Biotecnologias e cuidados de saúde

O desafio da saúde global e o avanço das biotecnologias são áreas fundamentais para os países do BRICS.

- **Desenvolvimento de vacinas:** Durante a pandemia da COVID-19, países como a Rússia e a Índia desempenharam papéis significativos no desenvolvimento e produção de vacinas, demonstrando experiência significativa em biotecnologias e fabricação de produtos farmacêuticos.

- **Pesquisa genética:** A inovação em genética e terapias gênicas tornou-se áreas fundamentais de pesquisa e desenvolvimento, com aplicações que vão desde o tratamento de doenças genéticas até o desenvolvimento de novas terapias farmacológicas.

R. Cidades inteligentes e urbanização

Com a crescente urbanização, os BRICS estão desenvolvendo infraestruturas e tecnologias para cidades mais inteligentes e sustentáveis.

- **Infraestruturas inteligentes:** A construção de infraestruturas urbanas inteligentes, desde iluminação pública conectada até sistemas de transporte eficientes, é uma prioridade.

- **Segurança urbana:** A aplicação de tecnologias como reconhecimento facial e sistemas inteligentes de monitoramento de tráfego contribui para a segurança urbana e o gerenciamento eficiente das metrópoles.

S. Indústria 4.0 e manufatura

Os BRICS desempenham um papel fundamental na evolução rumo à Indústria 4.0.

- **Robótica:** a robótica aplicada à produção industrial é crucial para aumentar a eficiência, reduzir custos e melhorar a qualidade da produção.

- **Interconectividade:** os sistemas de produção estão cada vez mais interconectados e inteligentes, utilizando a Internet das Coisas (IoT) e outras tecnologias digitais para otimizar processos.

T. Comércio eletrônico e digitalização

A expansão do comércio eletrônico e a digitalização do varejo são fenômenos evidentes nos países do BRICS.

- **Plataformas digitais:** O comércio eletrônico está crescendo exponencialmente e plataformas como o Alibaba (China) se tornaram gigantes globais no varejo on-line.

- **Pagamentos digitais:** A adoção de sistemas de pagamento digitais e criptográficos está remodelando o cenário financeiro e de varejo nos países do BRICS.

U. Meio ambiente e tecnologias verdes

A sustentabilidade ambiental por meio da inovação tecnológica é outra área importante de interesse e desenvolvimento.

- **Energias renováveis:** o investimento e o desenvolvimento em tecnologias de energia renovável, como energia solar e eólica, são essenciais para um futuro de energia sustentável.

- **Tecnologias de descarbonização:** As tecnologias que contribuem para a descarbonização de vários setores industriais, incluindo CCS (captura e armazenamento de carbono) e soluções de economia circular, estão ganhando terreno.

A tecnologia e a inovação nos países do BRICS abrangem uma gama incrivelmente ampla de setores e aplicações. Em cada área, esses países estão explorando e implementando soluções para enfrentar os desafios nacionais e globais, geralmente por meio de uma combinação de iniciativas públicas e privadas. A vastidão e a profundidade da inovação e do desenvolvimento tecnológico dentro do BRICS são extraordinárias e continuarão a moldar o futuro global da inovação tecnológica de maneiras significativas e às vezes imprevistas. A colaboração entre esses países também pode acelerar o desenvolvimento e a adoção de novas tecnologias, criando novas oportunidades e talvez novos desafios ao longo do caminho.

V. Inteligência Artificial e Big Data

Os BRICS também estão se concentrando no desenvolvimento de tecnologias de Inteligência

Artificial (IA) e Big Data, considerando o impacto transformador dessas tecnologias em vários setores.

- **IA na indústria:** na China, a IA tem sido amplamente empregada na fabricação para otimizar processos e melhorar a qualidade do produto por meio de monitoramento contínuo e análise de dados.

- **Sistemas de recomendação:** no comércio eletrônico, os sistemas de recomendação baseados em IA são usados para personalizar a experiência de compra analisando os dados do usuário e prevendo suas preferências.

W. Tecnologia espacial e aeroespacial

Os BRICS têm ambições significativas no desenvolvimento de tecnologia aeroespacial e na exploração espacial.

- **Missões espaciais:** a China lançou missões espaciais para exploração lunar e de Marte, enquanto a Índia ganhou reconhecimento por suas missões espaciais econômicas.

- **Satélites:** O lançamento e o uso de satélites para comunicação, meteorologia e observação da Terra são aspectos cruciais das políticas espaciais dessas nações.

X. Cibersegurança e proteção de dados

O aumento da digitalização tornou a cibersegurança e a proteção de dados as principais prioridades dos países do BRICS.

- **Segurança da infraestrutura crítica:** Garantir que as infraestruturas críticas sejam protegidas contra ataques cibernéticos é vital para a segurança nacional e para a economia de cada país do BRICS.

- **Proteção de dados pessoais:** a proteção de dados e a privacidade do usuário se tornaram centrais, com países como Índia e Brasil implementando regulamentações para proteger as informações dos cidadãos.

Y. Nanotecnologia e materiais avançados

A pesquisa e o desenvolvimento no campo de nanotecnologias e materiais avançados oferecem um enorme potencial em vários setores.

- **Medicina:** As nanotecnologias encontram aplicações inovadoras na área médica, como terapias direcionadas e administração de medicamentos.

- **Eletrônica:** materiais avançados, como semicondutores de última geração, estão impulsionando a inovação em eletrônicos e dispositivos inteligentes.

Z. Oceanografia e tecnologias marinhas

A exploração e a utilização sustentável dos oceanos são vitais para o desenvolvimento futuro, considerando os vastos recursos disponíveis em termos de biodiversidade e minerais.

- **Energia marinha:** a pesquisa de tecnologias para aproveitar a energia das marés e das ondas é de particular interesse para um futuro energético mais sustentável.

- **Biologia Marinha:** A biotecnologia marinha, que explora o uso de organismos marinhos para desenvolver novos medicamentos e materiais, é um setor em crescimento.

Os países do BRICS, por meio de uma combinação de iniciativas estaduais, colaborações internacionais e inovações impulsionadas pela indústria, estão expandindo progressivamente seu impacto e influência em tecnologias avançadas e inovação. A crescente expansão em vários campos de tecnologia promete remodelar o equilíbrio global do poder tecnológico e pode revolucionar a forma como a tecnologia é criada, compartilhada e implementada globalmente. De qualquer forma, o desafio contínuo será equilibrar a inovação com as considerações éticas, legais e sociais emergentes nesses espaços em evolução.

De fato, os países do BRICS se concentraram em uma ampla gama de setores de tecnologia e inovação para permanecerem competitivos em escala global, desenvolvendo ainda mais vários aspectos das tecnologias e promovendo pesquisa e inovação em muitas áreas.

AA. Tecnologias ambientais e sustentabilidade

- **Energias renováveis:** os BRICS estão investindo fortemente em energias renováveis. A China, por exemplo, é um dos maiores produtores mundiais de painéis solares. A Índia, por outro lado, busca expandir sua capacidade em energia eólica e solar, com o objetivo de se tornar um participante importante em energia renovável.

BB. Biotecnologia

- **Engenharia Genética:** A biotecnologia é uma área chave de desenvolvimento para o BRICS. As tecnologias de engenharia genética e CRISPR são usadas em áreas como a agricultura para desenvolver culturas geneticamente modificadas resistentes a pragas e doenças e na medicina para pesquisas genéticas e de terapia personalizada.

- **Biofarmacêuticos:** O setor biofarmacêutico no BRICS está experimentando um rápido crescimento, com maiores investimentos em pesquisa e desenvolvimento para a produção de vacinas, terapias inovadoras e produtos farmacêuticos biotecnológicos.

CC. Educação e Treinamento Tecnológico

- **Educação STEM:** A educação nas áreas de ciência, tecnologia, engenharia e matemática (STEM) é considerada fundamental para alimentar a futura força de trabalho dos BRICS e apoiar suas ambições inovadoras e tecnológicas.

- **Treinamento profissional:** Há também uma ênfase no treinamento profissional e no desenvolvimento de habilidades necessárias para operar em setores industriais e tecnologicamente avançados.

ADICIONAR. Robótica e automação

- **Robótica industrial:** os BRICS estão expandindo o uso da robótica nos setores industrial e de manufatura, automatizando processos e implementando robôs inteligentes em várias linhas de produção e logística.

- **Robótica médica:** O setor médico está experimentando a introdução de tecnologias robóticas, como robôs cirúrgicos que auxiliam médicos durante cirurgias ou sistemas automatizados de assistência ao paciente.

VEJA. Internet das coisas (IoT)

- **Cidades inteligentes:** a IoT desempenha um papel central no desenvolvimento de cidades inteligentes nos países do BRICS, onde sensores e dispositivos conectados são usados para melhorar a eficiência dos serviços urbanos e a qualidade de vida dos cidadãos.

- **Indústria 4.0:** A IoT também é um componente fundamental da Indústria 4.0, conectando máquinas e dispositivos industriais, permitindo gerenciamento e manutenção de equipamentos mais eficientes.

À medida que as nações do BRICS continuam explorando e desenvolvendo suas capacidades nesses setores acima mencionados, é evidente que o contexto geopolítico, as colaborações internacionais, os acordos comerciais e os avanços tecnológicos globais terão um impacto significativo na forma como essas nações navegam e moldam o futuro de seu cenário tecnológico e inovador. A colaboração entre os países do BRICS, juntamente com a consideração cuidadosa das implicações éticas e sociais das tecnologias emergentes, continuará sendo vital para apoiar e orientar o desenvolvimento sustentável e inclusivo no contexto de uma sociedade globalizada e interconectada. Encontrar um equilíbrio entre crescimento, inovação, sustentabilidade e inclusão será um desafio fundamental nos próximos anos, com os BRICS explorando várias estratégias para alcançar uma transição justa e resiliente para o futuro.

Conclusão: Tecnologia e inovação nos BRICS

Incubadoras globais de inovação

Os países do BRICS, por meio de investimentos e compromissos contínuos em vários campos de tecnologia e inovação, estão se configurando como forças propulsoras no cenário tecnológico global. Esses países demonstraram interesse específico e implementação estratégica em áreas de tecnologia emergentes, dedicando recursos significativos para se tornarem líderes em vários setores, conforme destacado por vários exemplos em áreas como tecnologias verdes, biotecnologia e robótica.

Lidando com as disparidades

Enquanto os países do BRICS estão avançando, há uma necessidade imperativa de abordar as disparidades existentes nos níveis nacional e internacional. A divisão entre áreas urbanas e rurais em termos de acesso à tecnologia, bem como as diferenças nas capacidades de inovação entre os países do BRICS, são questões que exigem atenção e ação. Portanto, políticas inclusivas e esforços coordenados são cruciais para garantir que os benefícios da tecnologia e da inovação sejam distribuídos de forma equitativa em todas as esferas da sociedade.

Colaborações e parcerias

Parcerias, tanto nacionais quanto internacionais, são fundamentais para o sucesso do BRICS no campo da tecnologia. Trabalhar com várias entidades, como empresas, universidades, instituições de pesquisa e outros países, é essencial para expandir o conjunto de conhecimento e experiência. As colaborações também podem facilitar o compartilhamento de tecnologia, o engajamento em projetos conjuntos de pesquisa e o acesso aos mercados globais, o que pode ampliar a inovação e a competitividade dos BRICS no cenário mundial.

Desafios éticos e regulatórios

As implicações éticas e regulatórias das novas tecnologias devem ser cuidadosamente examinadas e analisadas pelos países do BRICS. Questões como privacidade, segurança de dados e implicações socioeconômicas das tecnologias emergentes precisam ser abordadas por meio de regulamentações robustas, diálogo público e, quando necessário, colaborações internacionais para estabelecer padrões globais.

Rumo a um futuro sustentável e inovador

Finalmente, olhando para o futuro, os BRICS, com seu substancial potencial de inovação e crescimento, têm a responsabilidade e a oportunidade de liderar o mundo em direção a um futuro mais sustentável e tecnologicamente avançado. O compromisso de criar tecnologias que não apenas impulsionem o crescimento econômico, mas também abordem questões críticas, como mudanças climáticas, desigualdade e segurança, é essencial. Isso exigirá uma abordagem equilibrada e multidimensional que priorize a sustentabilidade, a equidade e a resiliência, garantindo que as inovações tecnológicas beneficiem não apenas as economias dos BRICS, mas a sociedade como um todo.

Em resumo, a tecnologia e a inovação nas nações do BRICS não são apenas motores do crescimento econômico e do desenvolvimento, mas também um meio pelo qual esses países podem realizar e contribuir para metas globais comuns, criando um futuro em que a tecnologia seja um ativo compartilhado, acessível e benéfico para todos.

8. Desenvolvimento sustentável

Desenvolvimento sustentável nos BRICS

As nações do BRICS (Brasil, Rússia, Índia, China e África do Sul) desempenham um papel fundamental na formação do mundo em direção a um caminho de desenvolvimento sustentável. Cada uma dessas nações possui recursos e populações significativos, o que implica que suas políticas e práticas de sustentabilidade têm um impacto global considerável.

Brasil: Biodiversidade e Energia Renovável

O Brasil, com sua vasta biodiversidade e extensos ecossistemas, tem colocado ênfase na conservação da biodiversidade e no uso sustentável de recursos. Também houve um foco na promoção de energia renovável, especialmente energia hidrelétrica e produção de biocombustíveis, ao mesmo tempo em que aborda os desafios relacionados ao desmatamento e à proteção das terras indígenas.

Rússia: Gestão e conservação de recursos naturais

A Rússia, com suas vastas reservas de gás natural e petróleo, enfrenta desafios para equilibrar a exploração desses recursos com a preservação ambiental. A atenção à conservação de sua extensa área selvagem e ao manejo sustentável de seus recursos naturais é crucial em suas políticas de desenvolvimento sustentável.

Índia: crescimento inclusivo e soluções verdes

A Índia tem se concentrado no crescimento inclusivo, com o objetivo de equilibrar o rápido desenvolvimento econômico com a necessidade de equidade e sustentabilidade. A promoção de tecnologias verdes, a melhoria da eficiência energética e a redução da pobreza são alguns dos principais objetivos de suas políticas de desenvolvimento sustentável.

China: industrialização verde e inovação

A China explorou caminhos para a industrialização verde, concentrando-se em tecnologias limpas e práticas de produção sustentáveis para reduzir o impacto ambiental de sua enorme produção industrial. A inovação em tecnologias ambientais e o desenvolvimento de cidades ecológicas são parte integrante de sua estratégia de sustentabilidade.

África do Sul: redução da desigualdade e proteção ambiental

A África do Sul enfatizou a redução das desigualdades e a proteção do meio ambiente. Equilibrar a industrialização com a proteção de sua rica

biodiversidade e ecossistemas é um elemento crucial
de suas políticas.

Colaborações e desafios comuns

Embora os países do BRICS tenham caminhos
distintos para o desenvolvimento sustentável, eles
compartilham desafios comuns e iniciaram
colaborações por meio de vários fóruns e plataformas.
Isso inclui o diálogo sobre questões como mudanças
climáticas, gestão de recursos naturais e promoção de
energia limpa. A cooperação e o compartilhamento de
conhecimento entre essas nações são essenciais para
impulsionar ações coletivas e apoiar os esforços
individuais em direção à sustentabilidade.

Considerações finais

Como potências emergentes, as nações do BRICS têm a
oportunidade e a responsabilidade de moldar um
caminho de desenvolvimento que não apenas atenda às
necessidades imediatas de seus cidadãos, mas também
proteja o futuro do planeta. As políticas e práticas
adotadas por essas nações influenciarão
significativamente a capacidade do mundo de alcançar
os Objetivos de Desenvolvimento Sustentável (ODS)
das Nações Unidas e navegar em direção a um futuro
mais justo e sustentável. A integração de estratégias
econômicas, sociais e ambientais, por meio de políticas
nacionais e colaborações internacionais, será crucial

para definir o sucesso do BRICS no desenvolvimento sustentável.

O tema do desenvolvimento sustentável nas nações do BRICS permanece particularmente relevante no contexto global, considerando o enorme impacto que esses países têm no cenário internacional em termos econômicos, sociais e ambientais. Embora uma visão geral de como cada nação aborda esse tema já tenha sido descrita, é possível se aprofundar explorando vários subaspectos e facetas.

Os desafios relacionados ao desenvolvimento sustentável para os países do BRICS são incrivelmente diversos, decorrentes dos contextos geográficos, culturais, econômicos e sociais únicos de cada um. Por exemplo, cada um dos países do BRICS tem um perfil demográfico e socioeconômico diferente que influencia os padrões de consumo, a demanda por energia e recursos e a capacidade de mitigar e se adaptar às mudanças climáticas.

Ao mesmo tempo, os BRICS também estão entre os principais contribuintes para as emissões globais de gases de efeito estufa, com a China e a Índia entre os principais emissores do mundo. A implicação disso na necessidade de desenvolver e implementar tecnologias e práticas sustentáveis é enorme, tanto em nível nacional quanto por seu impacto global.

Também é interessante explorar como as políticas de desenvolvimento sustentável são influenciadas e, por sua vez, influenciam a dinâmica política interna e externa. A necessidade de garantir a segurança energética, por exemplo, pode impulsionar investimentos em energias renováveis, mas também em soluções baseadas em combustíveis fósseis.

O dilema entre promover o crescimento econômico e proteger o meio ambiente é uma tensão persistente nas políticas de desenvolvimento sustentável. Os esforços para estimular a economia geralmente se chocam com as metas de sustentabilidade, e encontrar um equilíbrio entre essas duas necessidades requer habilidade e vontade políticas.

Por outro lado, a sustentabilidade ambiental também pode oferecer oportunidades econômicas. Por exemplo, o setor de energia renovável, incluindo energia solar, eólica e outras fontes renováveis, tem o potencial de criar empregos e estimular o crescimento econômico, ao mesmo tempo em que enfrenta a crise climática.

Os padrões de urbanização e a expansão das cidades nos países do BRICS representam outra área crucial para o desenvolvimento sustentável. A urbanização rápida e muitas vezes não planejada pode levar a desafios significativos na gestão de resíduos, poluição do ar e da água e outras questões ambientais. Ao mesmo tempo, as cidades são impulsionadoras da inovação e do desenvolvimento econômico, e seu papel na construção de um futuro sustentável não pode ser subestimado.

No contexto global, as nações do BRICS desempenham um papel fundamental na definição da agenda de desenvolvimento sustentável, influenciando não apenas as trajetórias de desenvolvimento de seus próprios países, mas também as dinâmicas internacionais relacionadas às mudanças climáticas, biodiversidade e outras questões ambientais importantes. Portanto, a interseção entre políticas e ações nacionais em nível internacional se torna uma área relevante a ser explorada ainda mais.

A análise das políticas, programas e iniciativas específicas que foram implementadas nas nações do BRICS para promover o desenvolvimento sustentável pode fornecer insights sobre como as lições aprendidas e as melhores práticas podem ser compartilhadas e adaptadas em diferentes contextos nacionais e regionais. Isso, por sua vez, pode enriquecer a discussão e a prática do desenvolvimento sustentável global, contribuindo para moldar um futuro que equilibre as necessidades da economia, da sociedade e do meio ambiente de maneira equitativa e resiliente. Essa análise pode ser aprofundada, explorando vários aspectos e facetas de cada prática e política, tudo dentro do contexto de uma visão holística e integrada do desenvolvimento sustentável.

Aprofundando o tema do desenvolvimento sustentável entre os países do BRICS, vamos explorar como cada nação gerencia o dilema entre desenvolvimento econômico e proteção ambiental por meio do uso de diferentes estratégias e métodos.

Por exemplo, os países do BRICS estão aumentando progressivamente seus investimentos em energia renovável. A China, por exemplo, tornou-se um dos principais produtores e consumidores mundiais de energia solar, enquanto a Índia lançou projetos ambiciosos de energia eólica e solar para reduzir a dependência de combustíveis fósseis. A Rússia, com vastos recursos energéticos, está gradualmente implementando políticas para diversificar as fontes de energia e integrar a energia renovável ao mix nacional de energia. Esses investimentos são motivados não apenas pela necessidade de reduzir as emissões de gases de efeito estufa, mas também pelo desejo de apoiar o crescimento econômico por meio do desenvolvimento de novos setores industriais.

A infraestrutura sustentável é outra área-chave em que os países do BRICS estão se esforçando para conciliar desenvolvimento e sustentabilidade. Isso envolve a criação de cidades mais sustentáveis por meio do planejamento urbano, da construção de edifícios com eficiência energética e do desenvolvimento de sistemas de transporte público de baixo carbono. Isso representa uma oportunidade para melhorar a qualidade de vida dos cidadãos e estimular a inovação e a criação de emprego.

A sustentabilidade nas cadeias de suprimentos é outro aspecto fundamental que os países do BRICS estão explorando. Promover práticas agrícolas sustentáveis, o gerenciamento responsável dos recursos naturais e a implementação de estratégias para produção e consumo responsáveis são cruciais para garantir que o desenvolvimento econômico não ocorra às custas do meio ambiente e das comunidades locais.

Além disso, os países do BRICS estão desenvolvendo várias políticas e instrumentos financeiros para apoiar a transição para uma economia mais verde e resiliente. Isso inclui o uso de incentivos fiscais para estimular investimentos em setores sustentáveis, criar fundos para apoiar projetos de conservação ambiental e promover investimentos socialmente responsáveis.

Em uma perspectiva de longo prazo, a educação e o treinamento desempenham um papel fundamental na promoção da sustentabilidade nas nações do BRICS. Integrar a sustentabilidade nos currículos, promover a pesquisa e a inovação em áreas relacionadas ao desenvolvimento sustentável e desenvolver capacidades e habilidades no mercado de trabalho para apoiar a transição para setores mais verdes são estratégias que estão sendo buscadas.

O acesso equitativo e sustentável aos recursos, especialmente água e energia, representa um desafio significativo nas nações do BRICS caracterizadas por enormes desigualdades socioeconômicas. Criar sistemas que garantam o acesso universal a serviços e recursos essenciais de forma sustentável e equitativa é essencial para garantir que o desenvolvimento sustentável beneficie todos os cidadãos.

Ao mesmo tempo, os países do BRICS estão ativamente engajados em fóruns internacionais relacionados ao desenvolvimento sustentável, como a Agenda 2030 das Nações Unidas e o Acordo de Paris sobre mudanças climáticas. Nesses contextos, eles atuam como representantes de seus próprios interesses nacionais e como vozes influentes para os países em desenvolvimento em geral.

Por fim, questões de governança, transparência e participação pública também são vitais quando se trata de desenvolvimento sustentável nos BRICS. A participação de todas as partes interessadas, incluindo o setor privado, a sociedade civil e as comunidades locais, é essencial para criar soluções sustentáveis e inclusivas, enraizadas nas necessidades e aspirações das pessoas.

Essas reflexões representam apenas algumas das muitas facetas do desenvolvimento sustentável nas nações do BRICS, e pode-se continuar a aprofundar cada um desses aspectos por meio de análises detalhadas e específicas, avaliando as políticas, estratégias e iniciativas implementadas, bem como os desafios e oportunidades que surgem em cada contexto nacional e regional.

Em conclusão, as políticas e práticas de desenvolvimento sustentável adotadas pelos países do BRICS são parte fundamental do mosaico de seu desenvolvimento econômico e social, pois abordam simultaneamente questões ambientais, econômicas e sociais. Por um lado, o principal desafio para esses países é equilibrar a necessidade urgente de desenvolvimento socioeconômico, incluindo industrialização, urbanização e crescimento econômico, com a proteção ambiental e o uso responsável dos recursos naturais.

Os BRICS, com suas economias e populações em crescimento, têm um impacto significativo no clima global e no meio ambiente, mas também estão experimentando em primeira mão os efeitos das mudanças climáticas e da degradação ambiental. Por exemplo, questões relacionadas à qualidade do ar, gestão de recursos hídricos e perda de biodiversidade são apenas algumas das questões críticas que devem ser abordadas, exigindo soluções engenhosas e sustentáveis.

Embora cada nação do BRICS enfrente desafios únicos em termos de desenvolvimento sustentável, todas compartilham uma aspiração comum de promover um desenvolvimento que não apenas atenda às necessidades atuais, mas também garanta a estabilidade e a prosperidade das gerações futuras. Nesse contexto, o conceito de desenvolvimento sustentável é traduzido em políticas nacionais e estratégias de implementação que buscam equilibrar objetivos às vezes conflitantes, garantindo uma distribuição justa de oportunidades e benefícios de desenvolvimento.

Os esforços feitos pelos países do BRICS para promover o desenvolvimento sustentável por meio da transição energética, inovação tecnológica, gestão sustentável de recursos naturais e promoção da equidade social são particularmente relevantes no contexto global. Suas iniciativas não apenas influenciam as trajetórias de desenvolvimento dentro de suas fronteiras, mas também moldam a governança ambiental global e o desenvolvimento sustentável.

Outro aspecto que emerge é a importância da cooperação nos níveis intrarregional e internacional. A cooperação entre os países do BRICS, bem como entre o BRICS e outras nações e regiões, é essencial para compartilhar conhecimentos, experiências e melhores práticas em relação ao desenvolvimento sustentável. Esse intercâmbio mútuo não apenas fortalece a capacidade de cada nação de buscar metas de desenvolvimento sustentável, mas também promove a construção de uma ordem internacional mais justa e sustentável.

Em conclusão, o caminho percorrido pelas nações do BRICS para garantir o desenvolvimento sustentável exigirá comprometimento contínuo, estratégias bem pensadas e forte vontade política. O papel dos BRICS no cenário global, seus desafios e oportunidades internos e a interconexão entre questões de desenvolvimento sustentável e outras áreas, como segurança, tecnologia e saúde, fazem da gestão de políticas e práticas de desenvolvimento sustentável um tópico globalmente relevante que, sem dúvida, influenciará a dinâmica econômica, social e ambiental do século XXI.

9. Desigualdades e disparidades

O exame das desigualdades e disparidades dentro e entre os países do BRICS (Brasil, Rússia, Índia, China e África do Sul) é uma questão crítica que cruza vários aspectos do desenvolvimento social, econômico e político. Apesar do progresso econômico significativo nas últimas décadas, esses países enfrentam desafios substanciais relacionados às desigualdades e disparidades internas entre eles.

Desigualdades internas:

1. **Econômico:** Há uma visível disparidade de
   renda e riqueza nesses países. A distribuição da
   riqueza é fortemente distorcida, com minorias
   ricas detendo uma parcela significativa dos
   recursos nacionais.

2. **Social:** As desigualdades sociais se manifestam
   de várias maneiras, como acesso limitado à
   saúde, educação e outros recursos e
   oportunidades essenciais para certos segmentos
   da população.

3. **Gênero:** Em vários países do BRICS, mulheres e
   meninas enfrentam desigualdades substanciais
   em termos de acesso à educação, oportunidades
   de emprego, representação política e controle
   sobre recursos.

4. **Étnico e cultural:** Existem disparidades
   significativas entre diferentes grupos étnicos e
   culturais, afetando tanto as oportunidades
   econômicas quanto o acesso a direitos e
   oportunidades.

Disparidades entre os países do BRICS:

1. **Desenvolvimento econômico:** Apesar de
   todas serem consideradas economias

emergentes, existem diferenças significativas em termos de PIB, tamanho da economia e capacidade de produção entre os países do BRICS.

2. **Estruturas políticas:** Cada país do BRICS tem uma estrutura política e governamental distinta, resultando em diferentes capacidades de resposta e abordagens às questões de desigualdade.

3. **Políticas sociais:** Existem diferenças substanciais nas políticas sociais, incluindo sistemas de bem-estar e proteção social.

4. **Gestão ambiental:** Os países do BRICS exibem uma variedade de abordagens e capacidades na gestão de questões ambientais e desafios climáticos.

Exemplos: A Índia enfrenta enormes desafios relacionados às desigualdades religiosas e de casta, enquanto o Brasil enfrenta disparidades econômicas e violência. A Rússia enfrenta crescentes desigualdades econômicas e concentração de riqueza entre uma elite restrita. A China tem disparidades regionais significativas no desenvolvimento econômico entre as áreas costeiras e interiores. A África do Sul, por outro lado, tem uma das maiores desigualdades de renda do mundo, decorrente de fatores históricos e desafios atuais.

Perspectiva internacional: Em termos de perspectiva internacional, a China domina em termos de tamanho econômico e influência global, enquanto países como a África do Sul enfrentam desafios mais pronunciados em relação à estabilidade econômica e ao crescimento. A Índia se destaca por sua demografia e pela escala de seus desafios de desenvolvimento. A Rússia desempenha um papel geopolítico fundamental, mas enfrenta problemas econômicos e demográficos. O Brasil, atormentado pela instabilidade política e problemas sociais, continua sua luta por justiça social e estabilidade econômica.

Lidar com essas desigualdades e disparidades requer um foco conjunto em políticas domésticas equitativas e na cooperação e solidariedade internacionais. Os países do BRICS podem aprender uns com os outros e apoiar uns aos outros no caminho para um desenvolvimento mais inclusivo e sustentável.

Dentro do discurso sobre desigualdades e disparidades nos países do BRICS, é essencial explorar em profundidade a matriz sociocultural, a dinâmica demográfica, as perspectivas futuras e a geopolítica de cada nação e do bloco como um todo.

Dinâmica demográfica e perspectivas futuras: A demografia desempenha um papel fundamental nas disparidades entre os países do BRICS. Na Índia, por exemplo, uma população jovem com uma alta porcentagem sem acesso a educação e saúde de qualidade representa um desafio significativo para a realização de seu potencial demográfico. Por outro lado, a China está enfrentando o envelhecimento da população, o que pode impactar seu crescimento econômico e sustentabilidade social. O Brasil e a África do Sul enfrentam diferentes pressões demográficas, precisando criar oportunidades para uma força de trabalho jovem e em crescimento. A Rússia, com uma população demográfica inclinada para o envelhecimento da população e uma população em idade ativa decrescente, tem seus desafios únicos em termos de sustentabilidade do desenvolvimento.

Geopolítica e influências estrangeiras: A posição geopolítica e a história de cada país do BRICS influenciam muito suas trajetórias de desenvolvimento e desigualdades relacionadas. Por exemplo, as sanções econômicas impostas à Rússia tiveram um impacto em vários setores de seus sistemas econômicos e sociais. Atualmente, a China está no centro de inúmeras tensões geopolíticas, e como elas podem afetar sua economia e sociedade é uma questão crítica. A Índia, situada em uma região com várias tensões transfronteiriças, deve equilibrar suas prioridades de desenvolvimento com as necessidades estratégicas e de segurança.

Desafios globais emergentes: desafios globais emergentes, como mudanças climáticas, pandemias e digitalização, levantam novas questões sobre desigualdades. Por exemplo, embora a digitalização ofereça oportunidades para o desenvolvimento econômico e social, ela também pode exacerbar as desigualdades existentes, tanto dentro dos países quanto entre eles. A crise de saúde global associada à COVID-19 revelou e intensificou as disparidades existentes, expondo as vulnerabilidades dos sistemas de saúde e das redes de segurança social.

Políticas e cooperação internacional

A criação de políticas especificamente voltadas para a redução das desigualdades é essencial. Isso inclui políticas que visam a disparidade de renda, melhorando o acesso à educação e à saúde e promovendo a igualdade de gênero. Além disso, embora cada país do BRICS tenha sua matriz única de desigualdade, há lições e práticas que podem ser compartilhadas entre eles, criando uma estrutura para a cooperação Sul-Sul.

Desenvolvimento urbano e rural

A disparidade no desenvolvimento urbano e rural é outro fator crítico ao explorar as desigualdades. Enquanto algumas áreas urbanas dos países do BRICS desfrutam de rápido desenvolvimento e modernização, muitas áreas rurais ficam para trás, criando uma lacuna no bem-estar e nas oportunidades disponíveis para as pessoas nessas diversas regiões.

Os desafios são múltiplos e complexos e exigem estratégias sofisticadas e políticas bem ponderadas, bem como uma cooperação multilateral eficaz para serem enfrentados de forma eficaz. Nesse contexto, a cooperação entre os países do BRICS, bem como com outros parceiros globais, pode desempenhar um papel significativo no compartilhamento de conhecimento, experiência e recursos para enfrentar os desafios persistentes e emergentes das desigualdades e disparidades.

Investimentos e fluxos de capital

A análise das desigualdades e disparidades nos países do BRICS não pode ignorar uma avaliação dos investimentos e fluxos de capital. Investimentos Estrangeiros Diretos (IED) e fluxos de capital nos países do BRICS destacam desigualdades significativas. Algumas regiões e setores atraem investimentos substanciais, enquanto outros são negligenciados, contribuindo para a criação e perpetuação de disparidades. Por exemplo, a China atraiu um IED significativo, tornando-se um centro global de manufatura. No entanto, isso também causou graves disparidades regionais, com as áreas costeiras prosperando muito mais do que as regiões do interior.

Políticas fiscais e desigualdades

As políticas fiscais, como os governos coletam e gastam recursos, desempenham um papel fundamental na determinação dos níveis de desigualdade dentro de um país. Por exemplo, no Brasil, apesar de uma série de políticas sociais, as desigualdades permanecem altamente visíveis devido às injustiças persistentes no sistema tributário e nas estruturas de gastos, que geralmente beneficiam as elites e não os grupos sociais mais vulneráveis.

Sistemas educacionais e disparidades

O acesso e a qualidade da educação são outros aspectos cruciais das desigualdades dentro e entre os países do BRICS. Na Índia, por exemplo, o acesso ao ensino superior é altamente polarizado ao longo de linhas socioeconômicas e geográficas, contribuindo para perpetuar ciclos intergeracionais de pobreza e desigualdade. As políticas educacionais que não alcançam os segmentos mais desfavorecidos da sociedade contribuem para criar um ciclo de desigualdade difícil de romper.

Disparidades de gênero e inclusão social

A desigualdade de gênero é uma questão premente nos países do BRICS. Apesar do progresso, as mulheres nos países do BRICS muitas vezes enfrentam barreiras substanciais em termos de acesso ao emprego, paridade salarial e representação em posições de liderança. A África do Sul, por exemplo, tem trabalhado ativamente para melhorar a igualdade de gênero por meio de várias leis e iniciativas, mas desafios significativos relacionados a questões estruturais e culturais persistem.

Integração e conectividade regionais

A integração regional e a conectividade entre diferentes partes dos países do BRICS mostram disparidades em termos de desenvolvimento e oportunidades. Em vastas nações como a Rússia, a desigualdade regional é significativa, e a equidade no acesso a oportunidades, serviços e infraestrutura entre diferentes regiões continua sendo um problema persistente que alimenta as disparidades socioeconômicas.

Políticas ambientais e desenvolvimento sustentável

A abordagem do desenvolvimento sustentável e das políticas ambientais nos países do BRICS reflete outro espectro de desigualdades. Países como a China sofreram uma degradação ambiental significativa como resultado direto da rápida industrialização, impactando desproporcionalmente populações

vulneráveis que geralmente vivem em áreas com altos
níveis de poluição.

Mobilidade social e trabalho

A mobilidade social, a capacidade dos indivíduos de
melhorar seu status socioeconômico, está intimamente
ligada às oportunidades de emprego e educação. Nos
países do BRICS, a mobilidade social varia
significativamente e, em alguns casos, como no Brasil,
barreiras significativas impedem que as pessoas
avancem econômica e socialmente, reforçando os ciclos
de pobreza e desigualdade. A questão da distribuição
da riqueza e do acesso a oportunidades se torna
central, e as políticas para lidar com a crescente lacuna
entre ricos e pobres são indispensáveis para um futuro
sustentável e equitativo.

Conflitos e desigualdades

A presença de conflitos, tanto internos quanto com
nações vizinhas, influencia fortemente as
desigualdades nos países do BRICS. Por exemplo, na
Índia, conflitos prolongados em regiões como Jammu e
Caxemira alimentaram disparidades e desigualdades
não apenas em nível regional, mas também
influenciaram as políticas e prioridades nacionais.

Conclusões preliminares

Embora cada país do BRICS enfrente seus desafios únicos em termos de desigualdades e disparidades, há temas comuns e compartilhados que emergem em todo o bloco, incluindo disparidades regionais, desigualdade de gênero e desigualdades no acesso a serviços fundamentais, como educação e saúde. Esses elementos são essenciais para o desenvolvimento de uma compreensão holística das desigualdades e disparidades nos BRICS e requerem uma análise mais aprofundada e consideração detalhada no discurso político e acadêmico.

Desigualdades e disparidades nos países do BRICS: conclusão

Os países do BRICS, apesar de compartilharem algumas tendências de crescimento e desenvolvimento, apresentam considerável complexidade em termos de desigualdades e disparidades sociais, econômicas e ambientais. As realidades do Brasil, Rússia, Índia, China e África do Sul se cruzam e divergem em vários níveis, abrangendo as esferas socioeconômica, de gênero, ambiental e de integração regional.

Desigualdades socioeconômicas e mobilidade social

As desigualdades socioeconômicas nos países do BRICS estão interligadas com a mobilidade social. Barreiras estruturais à educação, acesso a oportunidades de emprego qualificado e cuidados de saúde de qualidade impedem a mobilidade social, mantendo inalteradas as disparidades existentes. A consolidação de uma elite econômica às custas das massas empobrecidas exacerba ainda mais essas desigualdades. A questão da distribuição da riqueza e do acesso a oportunidades se torna central, e as políticas para combater a crescente lacuna entre ricos e pobres são indispensáveis para um futuro sustentável e equitativo.

Gênero e disparidades

A desigualdade de gênero continua permeando as sociedades do BRICS, apesar dos esforços políticos e sociais. A discriminação de gênero se manifesta em áreas como remuneração, emprego, educação e representação política. Abordar essas questões não é apenas imperativo do ponto de vista dos direitos humanos, mas também é essencial para o progresso socioeconômico, já que o empoderamento das mulheres está intimamente ligado ao desenvolvimento sustentável.

Disparidades regionais

As disparidades regionais, especialmente em vastos países como a Rússia e a China, são significativas. As regiões centrais e costeiras, geralmente mais desenvolvidas, contrastam com áreas internas e periféricas que lutam com infraestrutura inadequada, oportunidades limitadas e desafios de desenvolvimento. Essas desigualdades geográficas exigem estratégias direcionadas para equilibrar o desenvolvimento e garantir que os recursos e oportunidades sejam distribuídos de maneira mais uniforme.

Meio Ambiente e Desenvolvimento Sustentável

O diálogo entre desenvolvimento e proteção ambiental se cruza com desigualdades, onde muitas vezes as comunidades mais pobres sofrem o impacto da degradação ambiental. As políticas ambientais dos países do BRICS devem, portanto, considerar como as estratégias de sustentabilidade podem ser inclusivas e não gerar mais disparidades.

Ferramentas e estratégias para a mudança

Para reverter a trajetória das desigualdades e disparidades nos países do BRICS, a criação e implementação de políticas inclusivas se tornam fundamentais. Isso requer uma combinação de políticas fiscais proativas, investimentos em educação e saúde, estratégias de desenvolvimento regional e programas de empoderamento de gênero. Além disso, o diálogo contínuo entre os países do BRICS para compartilhar conhecimento e melhores práticas pode servir como um catalisador para o desenvolvimento de

soluções inovadoras e colaborativas para enfrentar
esses desafios comuns.

Rumo a um futuro mais justo e sustentável

O caminho para um futuro mais justo para os países do
BRICS é inegavelmente desafiador e exige um
compromisso conjunto dos governos, do setor privado
e da sociedade civil. Lidar com as desigualdades e
disparidades envolve a construção de um tecido social
e econômico mais resiliente e integrado, onde os
benefícios do desenvolvimento sejam compartilhados
de forma mais ampla e onde cada cidadão tenha a
oportunidade de realizar seu potencial.

Nessa perspectiva, as lições aprendidas de cada país do
BRICS devem iluminar o caminho para estratégias
mais inclusivas e justas, garantindo que o
desenvolvimento futuro não seja apenas
economicamente robusto, mas também distribuído de
forma equitativa em todos os setores da sociedade.

10. Conflitos e cooperação • Análise de conflitos e áreas de cooperação entre os membros do BRICS.

Conflitos e cooperação entre os membros do BRICS

1. Visão geral

Os países do BRICS (Brasil, Rússia, Índia, China e África do Sul) representaram uma entidade significativa na política e economia globais. Embora unidos por interesses comuns, como desenvolvimento econômico e reforma de instituições financeiras internacionais, eles manifestam uma série de divergências e conflitos que coexistem com áreas de cooperação.

2. Conflitos evidentes entre os membros do BRICS

a. Divergências econômicas e comerciais A China e a Índia experimentaram tensões comerciais relacionadas a desequilíbrios no comércio e barreiras tarifárias. O Brasil também expressou preocupação com as práticas comerciais chinesas e a concorrência no setor agrícola.

b. Conflitos territoriais O conflito territorial mais proeminente dentro do BRICS é entre a Índia e a China, especialmente ao longo de sua vasta fronteira montanhosa, com disputas históricas e recentes escaramuças militares.

c. Divergências ideológicas e políticas Diferenças políticas e ideológicas entre os membros, como a democracia parlamentar da Índia contrastando com o sistema mais centralizado da China, geraram atritos e desalinhamentos nas políticas externa e interna.

3. Áreas de cooperação

a. Cooperação econômica Apesar dos conflitos, os membros do BRICS identificaram e buscaram áreas de colaboração econômica, como o Novo Banco de Desenvolvimento, estabelecido para financiar projetos de desenvolvimento sustentável e de infraestrutura nos países do BRICS e em outras economias emergentes.

b. Segurança e Política Os BRICS trabalham em conjunto em questões políticas e de segurança em alguns fóruns internacionais, buscando consolidar seu peso e influência no sistema internacional e defendendo a reforma de instituições globais como o FMI e o Banco Mundial.

c. Intercâmbio cultural e educacional Os países promoveram iniciativas para intensificar os intercâmbios culturais e educacionais, com o objetivo de construir pontes e promover a compreensão mútua entre os povos do BRICS.

4. Um equilíbrio delicado entre conflito e cooperação

A relação entre os países do BRICS é um equilíbrio delicado entre cooperação e competição. Por um lado, existe uma vontade comum de colaborar em algumas áreas de interesse mútuo; por outro lado, rivalidades e conflitos, históricos e atuais, representam obstáculos significativos para a plena realização do potencial do grupo.

Questões de segurança, comércio e influência global são áreas particularmente sensíveis. Por exemplo, a crescente presença global da China, tanto econômica quanto militarmente, é vista com desconfiança por outros membros, especialmente pela Índia, alimentando tensões e suspeitas.

5. Rumo a um futuro de maior colaboração?

O desafio para os BRICS no futuro próximo será navegar por essas águas tumultuadas, buscando minimizar os conflitos e maximizar as áreas de cooperação. Isso pode exigir compromissos, flexibilidade e um compromisso renovado com o diálogo e a compreensão mútua.

Perspectiva de longo

No longo prazo, a capacidade dos BRICS de superar divergências e focar em objetivos e interesses compartilhados determinará o sucesso e a influência do grupo no cenário global. Em um mundo cada vez mais multipolar e interconectado, a cooperação multilateral entre países com recursos e influência significativos, como os BRICS, será crucial para enfrentar os desafios globais que estão por vir.

A dinâmica do conflito e da cooperação dentro dos BRICS também se entrelaça e se desenvolve em relação às influências externas e à dinâmica global. A fragmentação e as sinergias entre esses estados emergentes estão em constante evolução, refletindo tensões e interesses comuns que moldam suas interações.

Por exemplo, a guerra comercial entre a China e os Estados Unidos, que atingiu seu pico em 2018-2019, teve implicações para todas as economias do BRICS. A China, em particular, buscou diversificar seus parceiros comerciais e investir em novos mercados, uma medida que teve repercussões competitivas e colaborativas para o Brasil, Rússia, Índia e África do Sul. Enquanto

A esfera digital também surge como um campo dinâmico de cooperação e rivalidade. Por exemplo, a China apoiou a Índia no desenvolvimento de infraestrutura digital por meio de investimentos diretos em startups e tecnologias emergentes. No entanto, as preocupações com a segurança nacional, privacidade de dados e propriedade intelectual continuam sendo fontes de tensão entre os dois países, tensões que também se estendem e reverberam em suas interações com o Brasil, a Rússia e a África do Sul.

Simultaneamente, a transição energética global e o compromisso com uma maior sustentabilidade criam novas dinâmicas entre os membros do BRICS. A China, por exemplo, assumiu compromissos significativos com a neutralidade de carbono, enquanto a Índia está investindo pesadamente em energia solar. A Rússia, embora mantenha um papel proeminente como exportadora de gás e petróleo, também está explorando possibilidades no campo da energia renovável. Esses desenvolvimentos criam cenários cooperativos nos quais os países do BRICS podem compartilhar tecnologias e conhecimentos, mas também potenciais conflitos em termos de mercados de energia, investimentos e políticas ambientais.

Além disso, os BRICS, como entidades, também buscam estabelecer um contrapeso à influência ocidental em termos de governança econômica global e, para isso, precisam fortalecer sua coesão interna promovendo diálogos e iniciativas conjuntas, embora as divergências políticas e econômicas permaneçam evidentes. Isso geralmente se manifesta em fóruns multilaterais, onde os países do BRICS apresentam frentes unidas em questões-chave, como a reforma

institucional e a promoção de maior equidade na
distribuição global de energia.

No entanto, a relação entre os países do BRICS não
pode ser totalmente compreendida sem considerar
também o contexto sociopolítico doméstico de cada
membro. O crescimento econômico, a expansão da
classe média, as desigualdades e a estabilidade política
interna em cada nação influenciam significativamente
os rumos das políticas externas e as posições adotadas
em relação a outros membros do BRICS e, mais
amplamente, na arena internacional.

O futuro dos BRICS e seu impacto no sistema
internacional continuarão a ser moldados por uma
matriz complexa de conflitos e cooperação, cruzando
áreas como comércio, segurança, tecnologia e
sustentabilidade. Será essencial monitorar como essas
dinâmicas evoluem no contexto de uma ordem global
em mudança e de desafios globais cada vez mais
urgentes.

Equilibrando cooperação e competição

À medida que os BRICS buscam navegar nas águas dos
complexos desafios globais, eles estão constantemente
buscando estratégias que possam equilibrar
cooperação e competitividade em um contexto
internacional em constante evolução. A rivalidade
interna e a solidariedade dentro do grupo surgem não
apenas em termos econômicos, mas também em

termos de segurança e geopolítica, tornando seu caminho cooperativo fértil e complexo.

Uma lente particularmente interessante para explorar ainda mais esses temas é a geopolítica das vacinações contra a COVID-19. A pandemia representou um desafio sem precedentes à cooperação internacional e exacerbou e destacou algumas das tensões existentes dentro e entre os BRICS. Por exemplo, a Índia e a África do Sul lideraram esforços globais para renunciar às patentes das vacinas COVID-19, propondo uma isenção à Organização Mundial do Comércio (OMC) para facilitar a produção de vacinas nos países em desenvolvimento. Essa posição iluminou não apenas a dinâmica Norte-Sul na produção e distribuição de vacinas, mas também enfatizou a aspiração dos BRICS de moldar as normas e práticas globais para serem mais equitativas e favoráveis aos países emergentes e em desenvolvimento.

Além disso, o crescente nacionalismo vacinal representou outro ponto de tensão, com países como China e Rússia usando a "diplomacia vacinal" como uma ferramenta para expandir sua influência em regiões-chave, como África e América Latina. Isso levantou questões sobre como os países do BRICS podem equilibrar os interesses nacionais com os coletivos, especialmente quando se trata de enfrentar os desafios globais que exigem respostas coordenadas e solidárias.

Além disso, a trajetória dos BRICS no cenário internacional também é influenciada pelas estruturas internas de cooperação dentro do grupo. O Novo Banco de Desenvolvimento (NDB) do BRICS, por exemplo, serve como uma ferramenta crucial para financiar projetos de infraestrutura nos países membros e oferecer uma alternativa aos mecanismos de empréstimo ocidentais. No entanto, o NDB deve lidar com tensões e interesses divergentes entre seus membros, buscando equilibrar a necessidade de financiar projetos que sejam economicamente sustentáveis e geopoliticamente aceitáveis para todos os países do BRICS.

Expansão da tecnologia 5G

A expansão das tecnologias 5G representa outro campo de potencial cooperação e conflito entre os países do BRICS. A China, por meio de gigantes da tecnologia como a Huawei, fez avanços significativos no desenvolvimento e implantação da tecnologia 5G, posicionando-se como líder global. No entanto, preocupações relacionadas à segurança e privacidade de dados, particularmente da Índia, destacam como os países do BRICS podem se encontrar como parceiros e rivais na arena tecnológica global.

A interseção dessas e de muitas outras questões, da segurança cibernética à inteligência artificial, da cooperação espacial à gestão de recursos naturais, moldará a trajetória futura dos BRICS no contexto internacional, moldando sua capacidade de operar como blocos cooperativos e nações rivais, cada uma com sua própria agenda e prioridades geopolíticas e geoeconômicas. A exploração contínua dessas dinâmicas é, portanto, essencial para compreender as possíveis trajetórias futuras das relações internacionais e a configuração do poder global na era contemporânea.

Explorando as relações intra-BRICS

Para aprofundar as nuances das relações intra-BRICS, podemos observar que a interação entre esses estados revela uma empolgante amálgama de expectativas, aspirações e cautela. Embora as relações econômicas entre esses países geralmente captem a atenção da mídia global, um aspecto menos explorado, mas igualmente crucial, é o reino das alianças militares e de segurança.

É importante observar que, embora os BRICS representem uma frente unida em várias questões econômicas e políticas globais, a cooperação em segurança não seguiu um caminho paralelo. Rivalidades regionais, disputas territoriais e diferenças nos modelos de aliança e segurança levaram a uma espécie de atraso na formulação de uma frente de segurança comum. Veja, por exemplo, o complexo triângulo das relações entre China, Índia e Rússia.

Embora a Rússia e a Índia tenham mantido relações bilaterais positivas de longa data, especialmente em termos de cooperação militar e compra de armas, as relações Índia-China foram marcadas por tensões, destacadas por disputas territoriais e uma guerra de fronteira. Da mesma forma, as relações Rússia-China são complexas, misturando elementos de cooperação e suspeita mútua, apesar da fachada externa de uma aliança estratégica.

Gerenciar essas complexas relações trilaterais, dentro do contexto mais amplo do BRICS, representa uma dança geopolítica extremamente delicada. Embora o bloco tenha conseguido articular uma visão compartilhada para uma ordem mundial multipolar e tenha trabalhado em conjunto em fóruns internacionais para promover esses objetivos, a construção de uma estrutura coesa para a cooperação em segurança permaneceu ilusória.

Desigualdade econômica e considerações ambientais

Outro elemento que merece atenção especial é a crescente desigualdade econômica nos países do BRICS. Embora essas nações tenham frequentemente apresentado uma frente unida em fóruns internacionais, enfatizando a necessidade de maior representação e influência para os países emergentes, internamente elas devem lidar com questões de desigualdade de renda e riqueza. Por exemplo, embora a China e a Índia tenham visto um número significativo de pessoas saírem da pobreza nas últimas décadas, os dois países enfrentam desafios significativos em termos de desigualdade de renda e riqueza.

O tema ambiental também é fundamental. Os países do BRICS estão entre os maiores emissores de gases de efeito estufa e enfrentaram críticas por suas políticas ambientais. No entanto, é essencial enfatizar que essas nações também estão buscando ativamente equilibrar o crescimento econômico com a sustentabilidade ambiental, esforçando-se para conciliar seus papéis como líderes no Sul global com os requisitos de crescimento econômico inclusivo e sustentável. Por exemplo, a China fez grandes investimentos em energia renovável e se comprometeu a alcançar a neutralidade de carbono até 2060.

Em conclusão, embora os BRICS se apresentem como um bloco econômico em ascensão, a dinâmica dentro do grupo, incluindo cooperação econômica, rivalidade estratégica e tensões geopolíticas, continua sendo um campo rico para exploração e análise. A necessidade de equilibrar as aspirações globais com os desafios regionais e nacionais continua impulsionando as interações dentro do grupo, oferecendo um panorama intrincado e fascinante das relações internacionais contemporâneas.

Com relação ao tema "Conflitos e Cooperação" entre os membros do BRICS, o exame das intrincadas estruturas de alianças, desafios e oportunidades dentro do grupo levanta várias questões cruciais para o futuro da ordem mundial. Os BRICS, compostos por Brasil, Rússia, Índia, China e África do Sul, criaram um fórum único que, embora caracterizado por uma mistura complexa de cooperação e conflito, potencialmente redefiniu as principais dinâmicas da política e economia globais.

A cooperação entre os membros do BRICS tem sido frequentemente enfatizada em termos de iniciativas econômicas conjuntas, como o Novo Banco de Desenvolvimento, e posições unidas em vários fóruns multilaterais. A agenda comum dos BRICS normalmente se concentra em temas como a reforma das instituições financeiras internacionais, a promoção de uma ordem mundial mais multipolar e o desenvolvimento sustentável. No entanto, embora esses temas tenham fornecido um terreno comum, também é evidente que existem tensões significativas, nem sempre declaradas abertamente, entre os membros do bloco.

Relações bilaterais dentro dos BRICS

Relações bilaterais dentro do BRICS As relações bilaterais entre os membros do BRICS são altamente variáveis. Por exemplo, a relação sino-indiana tem sido tensa devido a disputas territoriais e rivalidades estratégicas no subcontinente indiano e no Oceano Índico. Em contraste, a relação sino-russa tem desfrutado de uma cooperação relativamente forte, especialmente em termos de coordenação em fóruns multilaterais e projetos conjuntos de energia. Da mesma forma, embora a Rússia tenha mantido relações amistosas com a Índia, incluindo uma profunda cooperação em defesa, o Brasil e a África do Sul às vezes desempenharam papéis menos centrais na dinâmica de cooperação e conflito dentro do grupo.

Desafios e o poder crescente da China Outro desafio crítico dentro dos BRICS é gerenciar o poder crescente da China. A enorme economia da China, o rápido desenvolvimento tecnológico e o aumento da influência militar são fatores que podem influenciar a dinâmica futura dentro do bloco, especialmente em relação à forma como outros membros lidam com suas relações com Pequim. A China, apesar de ser um motor de crescimento econômico e um importante parceiro comercial para todos os outros membros do BRICS, também é vista como um desafio de segurança, especialmente para a Índia, mas também para a Rússia em certos contextos.

Consequentemente, o futuro do BRICS pode ser fortemente influenciado pela capacidade de seus membros de lidar com essas complexidades e tensões internas. A sustentabilidade do bloco como um fórum significativo para a cooperação econômica e política dependerá em grande parte da disposição e capacidade de seus membros de gerenciar as assimetrias internas de poder e os desafios e oportunidades decorrentes da evolução da ordem mundial.

O papel e a responsabilidade dos BRICS no contexto da mudança climática

Participação ativa em iniciativas globais O grupo BRICS, composto por países com rápida industrialização e crescimento econômico significativo, desempenha um papel crucial no contexto global das mudanças climáticas. A colaboração e as ações tomadas pelo Brasil, Rússia, Índia, China e África do Sul têm um impacto significativo no cenário internacional, principalmente devido às consideráveis emissões de gases de efeito estufa, economias em crescimento e crescentes necessidades de energia.

Essas nações do BRICS participam ativamente das negociações climáticas internacionais e da Conferência das Partes (COP) sob a Convenção-Quadro das Nações Unidas sobre Mudança do Clima (UNFCCC). Tanto coletiva quanto individualmente, esses países são influentes na formulação de políticas globais e na elaboração de acordos climáticos, como o Acordo de Paris de 2015.

Desafios distintos e diversos Cada país do BRICS enfrenta desafios distintos relacionados às mudanças climáticas. Por exemplo, a Índia e a China estão entre os maiores emissores de gases de efeito estufa do mundo e, embora ambas tenham tomado iniciativas significativas para aumentar o uso de energias renováveis, a dependência do carvão continua sendo um problema significativo. Por outro lado, o Brasil tem desafios únicos relacionados ao desmatamento na Amazônia e ao manejo sustentável de sua biodiversidade.

Investimentos em energias renováveis e tecnologias verdes Todos os países do BRICS fizeram investimentos significativos em energias renováveis e tecnologias verdes. A Índia, por exemplo, estabeleceu metas ambiciosas para expandir sua capacidade de energia solar e eólica. A China, por outro lado, é líder global na produção de painéis solares e turbinas eólicas, enquanto o Brasil tem uma longa história de produção de bioetanol e integrou biocombustíveis em sua matriz energética.

Divergências políticas e econômicas Apesar da cooperação, existem divergências significativas entre as políticas climáticas dos países do BRICS. Embora alguns países possam priorizar o crescimento econômico, outros podem dar maior ênfase à proteção ambiental e à mitigação climática. Essas divergências geralmente estão ligadas a fatores econômicos, sociais e geopolíticos únicos para cada nação, tornando a cooperação sobre mudanças climáticas uma oportunidade e um desafio.

Vulnerabilidade e adaptação às mudanças climáticas
Os países do BRICS também são altamente vulneráveis aos impactos das mudanças climáticas, como eventos climáticos extremos, aumento do nível do mar e mudanças nos padrões de precipitação. A necessidade de adaptação é crucial para garantir que as populações vulneráveis, a infraestrutura crítica e os ecossistemas vitais sejam protegidos das mudanças climáticas atuais e futuras.

Conclusão Coletivamente e individualmente, os países do BRICS detêm uma parcela significativa da responsabilidade e do poder de moldar as respostas globais às mudanças climáticas. O gerenciamento eficaz de seus respectivos desafios internos e a construção de consenso dentro do grupo podem ampliar a eficácia de suas ações no cenário mundial. O caminho para uma cooperação frutífera exigirá um equilíbrio entre metas nacionais e coletivas, crescimento econômico e proteção ambiental, iniciativas nacionais e participação em esforços multilaterais.

Se você quiser que o texto seja expandido ainda mais ou se aprofunde em subtópicos específicos, entre em contato comigo!

12. Estratégias de Defesa e Segurança • Políticas de Defesa e Segurança dos BRICS na Nova Ordem Mundial.

Políticas de defesa e segurança dos BRICS na Nova Ordem Mundial As políticas de defesa e segurança dos países do BRICS estão inerentemente ligadas às suas respectivas posições geopolíticas, objetivos estratégicos e percepções de ameaças na nova ordem mundial. Embora o BRICS seja uma entidade relativamente coesa em certas áreas, como desenvolvimento econômico e questões de mudança climática, ela apresenta divergências significativas em suas abordagens e políticas relativas à defesa e segurança.

Perspectivas individuais sobre ameaças à segurança e defesa Cada estado do BRICS possui um conjunto distinto de percepções de ameaças e objetivos estratégicos. Por exemplo, a China se concentra principalmente no Mar da China Meridional, em Taiwan e nos desafios impostos pelos Estados Unidos na região. A Rússia se concentra nos países da OTAN e nas questões de segurança na Europa Oriental e no Ártico. A Índia tem preocupações de segurança significativas em relação a seus vizinhos, particularmente Paquistão e China, enquanto o Brasil e a África do Sul estão mais focados em questões regionais e na paz e segurança em nível continental.

Mecanismos de cooperação dentro do BRICS Por meio de várias cúpulas e fóruns, o BRICS busca promover o diálogo e a cooperação em questões de segurança e defesa, embora as ações conjuntas sejam frequentemente limitadas por divergências de interesse nacional. Os membros tomaram iniciativas para melhorar a cooperação em segurança cibernética, contraterrorismo e desenvolvimento de capacidades militares e, ao mesmo tempo, promover o diálogo sobre questões de segurança por meio de reuniões regulares de ministros da Defesa e Segurança.

Conflitos de interesse e tensões bilaterais Tensões e conflitos de interesse significativos também existem dentro do bloco. Um exemplo notável são as tensões territoriais entre a Índia e a China, que até levaram a confrontos armados ao longo de suas fronteiras disputadas. Essas tensões complicam o estabelecimento de uma política de defesa e segurança comum e coesa dentro do bloco BRICS.

Membros do BRICS no cenário global Cada membro do BRICS busca afirmar seu próprio papel e influência no cenário global. A Rússia e a China, em particular, estão tentando desafiar a ordem mundial existente promovendo suas próprias visões de mundo e buscando contrabalançar a influência ocidental. Índia,

Brasil e África do Sul, por outro lado, muitas vezes buscam mediar entre uma ampla gama de interesses e coalizões globais, buscando uma política externa que equilibre as relações com o Ocidente e outras potências emergentes.

A abordagem dos BRICS à defesa e segurança da Dimensão Militar e Estratégica também é fortemente influenciada por suas capacidades militares e estratégicas. A China e a Rússia, com forças armadas e arsenais nucleares substanciais, geralmente adotam uma abordagem mais assertiva em suas respectivas regiões em comparação com outros membros do BRICS. A Índia, como potência nuclear, também adota uma abordagem robusta em questões de defesa, enquanto o Brasil e a África do Sul tendem a enfatizar a diplomacia preventiva, a mediação e as missões de manutenção da paz.

Conclusões As políticas de defesa e segurança dos BRICS na nova ordem mundial são uma mistura de cooperação e competição, com os membros buscando equilibrar a promoção dos interesses nacionais com a manutenção e o desenvolvimento do BRICS como um ator internacional significativo. Diversas percepções de ameaças, prioridades estratégicas e objetivos geopolíticos, juntamente com tensões e rivalidades bilaterais, fazem do diálogo e da cooperação sobre segurança entre os BRICS uma dinâmica complexa e cheia de nuances que reflete as complexidades e paradoxos da ordem mundial contemporânea.

Implicações na Nova Ordem Mundial Os BRICS, coletiva e individualmente, têm a capacidade de moldar o cenário de segurança global, promovendo objetivos compartilhados e divergentes. Por exemplo, embora haja uma convergência geral em temas como multilateralismo e reforma de instituições globais, estratégias e abordagens específicas para atingir essas metas podem variar significativamente entre os membros.

Colaborações com outras nações e blocos As relações do BRICS com outras nações e blocos de poder também são particularmente significativas em termos de seu impacto na estabilidade e segurança globais. A Rússia e a China, por exemplo, estabeleceram uma estreita cooperação bilateral em vários aspectos de defesa e segurança, ao mesmo tempo em que desenvolveram relações com outras nações por meio de fóruns e organizações como a Organização de Cooperação de Xangai (SCO). A Índia, embora compartilhe certos fóruns com a Rússia e a China, também cultivou fortes laços com nações ocidentais e outras democracias globais, complicando ainda mais a dinâmica interna dos BRICS.

Indústria de armas e estratégias militares A indústria de armas e as estratégias militares dos países do BRICS também são aspectos cruciais. Por exemplo, a China expandiu significativamente sua presença na indústria global de armas, tornando-se uma das maiores exportadoras de armas do mundo e, assim, influenciando a dinâmica de poder em várias regiões. Ao mesmo tempo, a Rússia tem procurado manter e expandir sua influência como líder no mercado global de armas.

Se você precisar de mais detalhes ou informações adicionais sobre áreas específicas, sinta-se à vontade para perguntar!

Questões nucleares As questões nucleares representam outra área em que as políticas do BRICS têm um impacto significativo. A Rússia e a China são potências nucleares estabelecidas, enquanto a Índia, apesar de possuir armas nucleares, não é reconhecida como um estado com armas nucleares pelo Tratado de Não Proliferação Nuclear (TNP). As diferentes posições e estratégias nucleares das nações do BRICS influenciam não apenas suas relações bilaterais, mas também a dinâmica de segurança regional e global, a estabilidade estratégica e os esforços de não proliferação.

Cibersegurança e guerra cibernética Em termos de cibersegurança e guerra cibernética, os países do BRICS estão desempenhando um papel cada vez mais relevante, enfrentando desafios tanto como vítimas quanto como autores de atividades maliciosas no domínio cibernético. As estratégias de defesa cibernética, o uso de tecnologias da informação e comunicação (TIC) para defesa e segurança e as capacidades ofensivas no ciberespaço são áreas de crescente ênfase e desenvolvimento para os países do BRICS.

Projeção de poder global A projeção do poder militar e a demonstração de força por meio de exercícios militares, destacamentos e operações no exterior são outras formas pelas quais as nações do BRICS estão buscando afirmar e moldar seus papéis na nova ordem mundial. O envolvimento em missões de manutenção da paz das Nações Unidas, bem como em operações unilaterais ou multilaterais em contextos específicos, serve como um meio de promover interesses, estabelecer credenciais e influenciar a segurança regional e global.

A complexidade e as nuances das políticas de defesa e segurança do BRICS na nova ordem mundial oferecem uma ampla gama de áreas para análise e discussão adicionais, oferecendo oportunidades e desafios de cooperação e competição entre os membros e com outros atores globais.

Utilização da tecnologia na defesa A incorporação de tecnologia avançada nos programas de defesa do

BRICS teve um impacto substancial na capacidade das nações de projetar poder e influência. A introdução de tecnologias como inteligência artificial, drones e plataformas de guerra cibernética expandiu as capacidades operacionais e estratégicas dos BRICS, ao mesmo tempo em que levantou novas questões éticas e estratégicas. As tecnologias emergentes também têm o potencial de redefinir a natureza do conflito, concentrando cada vez mais a atenção em domínios não tradicionais, como o ciberespaço e o espaço sideral.

Tensões territoriais e estratégias defensivas As questões relacionadas às tensões territoriais e às estratégias de defesa nacional representam outra área que merece uma maior exploração. Por exemplo, a Índia e a China experimentaram tensões ao longo de suas fronteiras montanhosas, influenciando inevitavelmente as políticas de segurança regionais e globais. Ao mesmo tempo, a Rússia enfrenta seus próprios desafios de segurança relacionados à integridade territorial, seja em relação às regiões ocidentais e às relações com a OTAN ou às regiões do sul e às questões de segurança no Cáucaso.

Ideologias políticas e nacionalismo As ideologias políticas e o nacionalismo também desempenham um papel fundamental nas políticas de defesa do BRICS. A crescente onda de nacionalismo em cada um desses países poderia reforçar as políticas de defesa existentes e, simultaneamente, incentivar uma maior assertividade no cenário global. Isso, por sua vez, poderia promover a unidade dentro de cada nação do BRICS e causar tensões dentro do grupo e com outras nações.

Implicações econômicas das políticas de defesa
As implicações econômicas das políticas de defesa e segurança são outro fator crucial a ser considerado. Investimentos nas forças armadas e na modernização militar podem ter vantagens e desvantagens para as economias nacionais dos BRICS. Por um lado, pode estimular indústrias relacionadas à defesa e criar oportunidades de emprego, enquanto, por outro lado, pode desviar recursos valiosos de outros setores vitais, como educação e saúde.

Cooperação militar interna A cooperação militar interna entre os países do BRICS representa outra dimensão notável. Apesar de várias tensões bilaterais entre os membros, como as entre a Índia e a China, o bloco tem buscado consolidar um certo grau de cooperação militar. Exercícios militares conjuntos e fóruns de diálogo sobre segurança dentro do BRICS são ferramentas por meio das quais o bloco visa navegar e mitigar as tensões internas enquanto busca objetivos de segurança comuns.

Rivalidades geopolíticas com outros blocos As rivalidades geopolíticas e a dinâmica de poder com outros blocos e nações fora do BRICS são uma realidade persistente que inevitavelmente impacta as políticas de defesa e segurança do grupo. O relacionamento do BRICS com nações e grupos como os Estados Unidos, a União Europeia e a OTAN é complexo e multifacetado, caracterizado por uma mistura de cooperação em certas áreas e competição e contenção em outras.

Normas internacionais e direito internacional
Finalmente, a adesão e interpretação das normas internacionais e do direito internacional representam outro elemento-chave. As políticas de defesa do BRICS e seu impacto na nova ordem mundial também dependem de sua disposição de se adequar, desafiar ou redefinir as normas internacionais e estruturas jurídicas existentes, em áreas que vão do desarmamento ao direito marítimo.

Cada um desses elementos fornece uma visão penetrante do cenário complexo das políticas de defesa e segurança do BRICS e suas implicações para a ordem mundial contemporânea. No entanto, é crucial enfatizar que a natureza em constante evolução da dinâmica geopolítica e das relações internacionais exige um exame e reavaliação contínuos dessas estratégias e políticas.

Conflitos assimétricos e novas ameaças No contexto atual, estamos enfrentando ameaças e conflitos assimétricos, como terrorismo, guerra cibernética e ameaças biológicas, que exigem uma reavaliação das estruturas tradicionais de defesa e segurança. Por exemplo, os ataques cibernéticos têm o potencial de comprometer a infraestrutura crítica, perturbar as economias nacionais e ameaçar a segurança nacional. A guerra cibernética e a desinformação têm se tornado ferramentas cada vez mais predominantes no arsenal estratégico das nações, com o objetivo de desestabilizar sociedades e politizar divisões internas.

Segurança cibernética e guerra cibernética Como potências emergentes, os BRICS estão se aventurando ativamente no desenvolvimento de suas capacidades no domínio cibernético, buscando não apenas se defender contra ameaças, mas também criar ferramentas que possam ser usadas para fins defensivos e ofensivos. A integração da tecnologia em seu aparato militar e de segurança reflete não apenas uma adaptação às ameaças modernas, mas também uma aspiração de exercer maior controle e influência no domínio global do ciberespaço.

Corrida armamentista e desarmamento As tensões também são palpáveis em termos de corrida armamentista e políticas de desarmamento. Os próprios BRICS estão imersos em uma rede de relações complexas que envolvem tanto a corrida armamentista quanto os esforços de desarmamento. Os arsenais nucleares da Índia, Rússia e China e suas respectivas políticas de dissuasão, bem como a proliferação de tecnologias militares avançadas, são questões que precisam ser examinadas através de uma lente que considere tanto a dinâmica interna dos BRICS quanto suas relações com outras nações.

Implicações sociais das políticas de defesa As implicações sociais das políticas de defesa e segurança também são dignas de nota. A militarização, os gastos com defesa e a crescente ênfase na segurança podem ter repercussões nos direitos civis, na distribuição de recursos e nas prioridades de desenvolvimento. Além disso, o fortalecimento das estruturas militares e de segurança em cada um dos países do BRICS pode ter implicações diferentes para os direitos humanos, a liberdade de expressão e a gestão de protestos e dissidências internas.

Relações do BRICS e velhos poderes Além disso, a forma como os BRICS interagem com as "velhas potências", ou seja, os Estados Unidos e os países europeus, bem como suas políticas em relação a nações estrategicamente importantes, como Irã, Coréia do Norte e Paquistão, indica a direção na qual a nova ordem mundial pode evoluir. Enquanto buscam reafirmar e solidificar sua influência e presença em várias regiões, eles estão simultaneamente engajados em uma forma de equilíbrio de poder com os Estados Unidos e a Europa, oscilando entre cooperação e confronto.

Políticas regionais de segurança Do ponto de vista da segurança regional, cada uma das nações do BRICS está envolvida em uma série de conflitos e tensões que exigem uma combinação de abordagens diplomáticas, militares e de segurança para gerenciar e mitigar. Por exemplo, o envolvimento da Rússia na Ucrânia e na Síria, os engajamentos da Índia em seus vizinhos regionais e conflitos transfronteiriços e as atividades da China no Mar da China Meridional representam desafios significativos que moldam suas respectivas políticas de segurança e também influenciam a dinâmica dentro do bloco BRICS.

Conclusão A questão das políticas de defesa e segurança do BRICS não pode ser abordada sem uma compreensão profunda dos desafios específicos que cada membro enfrenta nos níveis nacional e internacional. Ao compartilhar certas aspirações e objetivos com outros membros do bloco, cada nação navega por um conjunto único de desafios e oportunidades que refletem suas circunstâncias geopolíticas, históricas e socioeconômicas específicas.

No entanto, o diálogo e a cooperação em termos de defesa e segurança dentro do bloco BRICS permanecerão centrais em suas estratégias individuais e coletivas, com o objetivo de reafirmar seu papel e influência na nova ordem mundial e, potencialmente, reescrever algumas das regras e normas que regem as relações internacionais e a segurança global. Em última análise, uma análise completa das estratégias de defesa e segurança do BRICS exige um compromisso contínuo para entender e interpretar as mudanças contínuas no cenário geopolítico e de segurança global, que estão em um estado de fluxo perpétuo.

Conclusão: BRICS no discurso global de defesa e segurança O perfil emergente dos BRICS no cenário internacional, ancorado em suas políticas de defesa e segurança, representa uma introdução significativa a novas dinâmicas e forças na arena geopolítica global. A diversidade e a complexidade dos desafios de segurança enfrentados pelos países do BRICS, juntamente com suas ambições globais e regionais, geram uma intrincada estrutura de colaboração, competição e, em alguns casos, confronto.

Estratégias bilaterais e multilaterais As políticas de defesa e segurança do BRICS são moldadas por meio de uma mistura de estratégias bilaterais e multilaterais, buscando equilibrar as tensões inerentes entre soberania nacional e cooperação internacional. Esse intrincado ato de equilíbrio é evidente em várias alianças, acordos de segurança e compromissos diplomáticos, tanto dentro do bloco BRICS quanto com outras nações e blocos regionais.

Inovações no setor de defesa Do ponto de vista militar e tecnológico, os países do BRICS fizeram avanços significativos, dedicando recursos substanciais ao desenvolvimento de capacidades militares avançadas e à adoção de tecnologias emergentes. Isso não apenas fortalece suas capacidades defensivas, mas também projeta uma imagem de poder militar que pode ser usada como uma ferramenta de influência e dissuasão geopolítica.

Dinâmica do poder A dinâmica de poder entre os BRICS e os países ocidentais estabelecidos, particularmente os Estados Unidos e os aliados da OTAN, representa uma dança contínua de cooperação e rivalidade. Em vários teatros, como o Oriente Médio e a Ásia, os BRICS buscam afirmar sua influência, às vezes em contraste com os interesses ocidentais, criando um equilíbrio geopolítico em evolução.

Desafios da globalização e da segurança comum A globalização e os desafios transnacionais, como terrorismo, conflitos assimétricos e segurança cibernética, exigem uma resposta conjunta e estratégias de segurança inovadoras. A conexão entre ameaças transnacionais e segurança doméstica cria um ambiente em que a cooperação multilateral se torna crucial, apesar das rivalidades e diferenças ideológicas.

Estabilidade regional No nível regional, os países do BRICS desempenham papéis cruciais no estabelecimento ou, em alguns casos, na ruptura do equilíbrio de poder, influenciando a paz e a estabilidade. Entender como suas políticas de defesa impactam as tensões regionais e globais é vital para decifrar o futuro da segurança internacional.

Reflexões finais Em resumo, como os BRICS se afirmam como atores-chave no contexto de segurança global, seu impacto é tão multifacetado quanto cheio de nuances. A coesão interna do bloco, apesar das diferenças e das disputas bilaterais, simboliza um esforço conjunto de reposicionamento dentro da hierarquia global. No entanto, individualidades nacionais e agendas geopolíticas continuam moldando as trajetórias distintas de suas políticas de defesa e segurança, oferecendo um cenário rico e às vezes contraditório de alianças, rivalidades e estratégias cooperativas.

O caminho futuro dos BRICS, tanto como entidade coletiva quanto como nações individuais, continua sendo uma jornada repleta de potenciais, desafios e incertezas, exigindo uma navegação cuidadosa pelos intrincados corredores da política global de defesa e segurança. Analisar e compreender as nuances de suas políticas, estratégias e alianças será crucial para discernir a direção da nova ordem mundial emergente e as implicações dessas potências no contexto de estabilidade e segurança globais.

Impacto das culturas e sociedades do BRICS no mundo

O impacto das culturas e sociedades dos países do BRICS no mundo é imenso e multidimensional, permeando vários setores, do econômico ao político, e influenciando os discursos globais sobre desenvolvimento, direitos humanos e diversidade cultural. As culturas dos BRICS, dadas suas raízes históricas, demográficas e sociais, apresentam um mosaico de tradições, práticas, idiomas e crenças que influenciam profundamente a paisagem global.

Diversidade e riqueza cultural

1. **Diversidade linguística e religiosa:**

   - Os BRICS hospedam uma infinidade de idiomas e religiões, criando um mosaico cultural que informa e enriquece os diálogos globais sobre tolerância e diversidade.

2. **Patrimônio e História:**

- Cada nação do BRICS possui uma rica herança cultural e histórica, muitas vezes refletindo civilizações antigas e tradições profundas que moldaram as sociedades globais ao longo dos séculos.

Arte e Expressão Cultural

3. Cinema e mídia:

- Países como a Índia, com Bollywood, e o Brasil, com suas vibrantes expressões cinematográficas e televisivas, permearam a cultura popular global, influenciando a estética e as narrativas globais.

4. Arte e Literatura:

- Artistas e escritores dos BRICS impactaram significativamente os discursos culturais e artísticos globais, trazendo perspectivas e narrativas diversas para o mundo das artes.

Influência social e demográfica

5. Dinâmica populacional:

- As grandes populações de países como China e Índia não apenas impulsionam os mercados globais, mas também a disseminação e adoção de tendências culturais e sociais.

6. Migrações e diáspora:

- As vastas diásporas das nações do BRICS
  em todo o mundo atuam como pontes
  culturais, facilitando o intercâmbio cultural
  e a integração entre diferentes regiões do
  mundo.

Educação e Pesquisa

7. Intercâmbios acadêmicos e pesquisas:

- As instituições acadêmicas do BRICS fazem
  contribuições significativas para pesquisas
  globais e intercâmbios acadêmicos,
  promovendo conhecimento e inovações
  culturais, científicas e tecnológicas.

Política e sociedade

8. Modelos sociais:

- Modelos sociais e políticos, como o modelo
  de desenvolvimento econômico da China,
  influenciaram os discursos globais sobre
  desenvolvimento e governança.

9. Movimentos pelos direitos civis:

- Movimentos como a luta contra o apartheid
  na África do Sul servem como inspiração e
  pontos de referência para as lutas globais
  por direitos civis e justiça.

Culinária e gastronomia

10. Cozinha global:

- A culinária dos países do BRICS influenciou paladares e cozinhas em todo o mundo, tornando pratos como curry indiano ou feijoada brasileira reconhecidos mundialmente.

Moda e estilo

11. Moda e design:

- Os designers e estilistas do BRICS influenciaram a indústria da moda e do design, trazendo tecidos, estilos e tendências exclusivos para o cenário global.

Turismo e intercâmbios culturais

12. Turismo e exploração:

- Lugares como a China, com sua Grande Muralha, e o Brasil, com seu icônico Cristo Redentor, atraem visitantes de todo o mundo, promovendo intercâmbios culturais e entendimento mútuo.

Em resumo, as sociedades e culturas dos BRICS, com sua singularidade e diversidade, exerceram uma influência abrangente e duradoura no tecido sociocultural do mundo, moldando e enriquecendo

continuamente os diálogos e interações globais de
várias maneiras. Sua influência não se limita a uma
única dimensão, mas se ramifica em uma infinidade de
setores, definindo e redefinindo dinâmicas e correntes
globais de maneiras tangíveis e sutis, projetando suas
vozes e valores muito além de suas fronteiras
nacionais.

A importância dos BRICS no contexto cultural e social
global pode ser mais dissecada explorando vários
aspectos-chave que destacam a profundidade e a
amplitude de suas influências globais.

Línguas e literaturas dos BRICS

O impacto das línguas e literaturas dos BRICS não
pode ser subestimado. Por exemplo, a literatura russa,
com obras pioneiras de autores como Tolstoi e
Dostoiévski, ofereceu ao mundo uma visão profunda
das complexidades da psique humana e da sociedade.
Da mesma forma, a rica tapeçaria linguística da Índia,
composta por um grande número de idiomas e
dialetos, se torna um catalisador para preservar e
promover uma diversidade cultural imensurável,
alimentando diálogos e narrativas em vários níveis e
criando pontes de compreensão intercultural.

Filosofias e crenças dos BRICS

As filosofias e crenças enraizadas nas nações do BRICS
também geraram um tremendo impacto global. A

filosofia indiana, por exemplo, com suas inúmeras correntes de pensamento, explorou a natureza da existência e da realidade de maneiras que influenciaram não apenas o pensamento oriental, mas também o ocidental em termos de espiritualidade e metafísica. Da mesma forma, o confucionismo chinês forneceu uma estrutura ética e moral que influenciou a governança e as relações sociais em todo o Leste Asiático e além.

Festivais e tradições do BRICS

Os festivais e tradições das nações do BRICS oferecem outra camada de influência cultural. Por exemplo, o Carnaval Brasileiro e o Festival das Lanternas Chinesas não são apenas celebrações culturais em seus respectivos países, mas se tornaram eventos globais que atraem visitantes internacionais e influenciam celebrações culturais e expressões artísticas em todo o mundo. Eles simbolizam a expressão de alegria, unidade e a continuação das tradições entre gerações, servindo como elos vitais entre o passado, o presente e o futuro.

BRICS na economia criativa global

A presença dos BRICS na economia criativa global é outro domínio que merece atenção. A Índia, com sua robusta indústria de software, e a China, com seu enorme setor manufatureiro, influenciaram não apenas os mercados globais, mas também as práticas e estratégias comerciais mundiais. Isso, por sua vez, moldou a dinâmica das economias globais e definiu novos caminhos para colaboração e competição internacionais.

Papel das mulheres nas sociedades do BRICS

O papel das mulheres nas sociedades do BRICS e seu impacto global é outra dimensão significativa. Figuras como Indira Gandhi na Índia e Dilma Rousseff no Brasil assumiram papéis de liderança e influenciaram políticas e discursos nacionais e internacionais. Suas experiências, desafios e triunfos servem como modelos e inspiração para mulheres e meninas em todo o mundo, elevando as discussões sobre direitos das mulheres e igualdade de gênero no cenário global.

Música e dança dos BRICS

Além disso, a influência da música e da dança do BRICS se estende muito além de suas fronteiras nacionais. O samba brasileiro, o kathak indiano e o balé russo são apenas alguns exemplos de como as formas artísticas do BRICS cruzaram fronteiras geográficas, tornando-se partes integrantes da cultura global e oferecendo ao mundo uma riqueza de expressões artísticas e criativas.

A natureza multifacetada das sociedades e culturas do BRICS não apenas enriquece seu tecido sociocultural interno, mas também estende suas mãos influentes por todo o mundo, entrelaçando-se e influenciando o mapa cultural e social global de várias maneiras profundas. Em todas as esferas, das artes às filosofias, das tradições às inovações, os BRICS continuam a desempenhar um papel crucial na formação e direção das correntes culturais e sociais globais, construindo pontes de entendimento, colaboração e intercâmbio em um mundo cada vez mais interconectado e interdependente.

Culinária e gastronomia dos BRICS

Outra área na qual os BRICS manifestam uma notável influência global é a culinária. A vastidão e diversidade das tradições culinárias dessas nações se refletem em uma riqueza de sabores, técnicas e ingredientes que foram amplamente adotados e adaptados em todo o mundo. Considere, por exemplo, a culinária indiana, celebrada pelo uso habilidoso de especiarias e ervas aromáticas, o que levou à criação de pratos de renome internacional, como curry ou biryani. Observando a culinária brasileira, a feijoada, um prato feito de feijão preto e carne, exemplifica a fusão de influências culinárias que caracteriza a nação, explorando e misturando habilmente as raízes culturais indígenas, africanas e portuguesas.

Cinematografia dos BRICS

O cinema é outro meio pelo qual os BRICS transmitem sua cultura e sociedade, exercendo uma influência significativa em escala global. A indústria cinematográfica indiana de Bollywood, por exemplo, não só tem um impacto cultural substancial no mercado interno, mas também tem um grande número de seguidores internacionais, com uma base de fãs que se estende de Londres a Lagos. Da mesma forma, o cinema chinês ganhou ressonância internacional, mostrando não apenas a rica história e cultura da China, mas também sua modernização e dinâmica social e política atual para o mundo.

Turismo cultural

O turismo cultural é outro setor no qual os BRICS tiveram um impacto significativo, com cada nação atraindo visitantes de todo o mundo ansiosos por explorar suas ricas ofertas históricas e culturais. Cidades como o Rio de Janeiro, no Brasil, e São Petersburgo, na Rússia, são celebradas por sua inestimável herança cultural, oferecendo aos turistas informações sobre as raízes históricas e a vibrante modernidade dessas nações. Esses lugares se tornam focos de intercâmbio cultural e pontos de conexão entre os cidadãos do BRICS e o resto do mundo, promovendo a compreensão e o respeito mútuos entre diversas culturas e povos.

Inovações tecnológicas e sociais

Os BRICS também são impulsionadores significativos de inovações tecnológicas e sociais que influenciam as sociedades em todo o mundo. As inovações em TIC da Índia, por exemplo, não apenas impulsionaram a nação em direção a um futuro digital, mas também ofereceram soluções tecnológicas para países em desenvolvimento em todo o mundo. As inovações da China em infraestrutura e tecnologia, como o sistema de pagamento digital Alipay, influenciaram a forma como as sociedades lidam com transações financeiras e interações econômicas, sugerindo novos modelos e práticas que poderiam ser adotados e adaptados em vários contextos globais.

Educação e Pesquisa

A educação e a pesquisa nos países do BRICS também desempenham um papel crucial na formação do futuro global. As instituições educacionais nesses países não apenas educam as futuras gerações de líderes, pensadores e inovadores, mas também desenvolvem pesquisas e inovações que têm o potencial de enfrentar desafios globais em áreas como medicina, tecnologia e ciências ambientais.

Movimentos sociais

Finalmente, os movimentos sociais dentro dos países do BRICS geralmente têm um eco global ressonante, fornecendo insights e inspiração para discussões e ações internacionais. Sejam relacionados a questões de gênero, meio ambiente ou direitos humanos, esses movimentos refletem a dinâmica, os desafios e as aspirações das sociedades do BRICS, servindo como espelhos pelos quais essas nações se apresentam e são percebidas globalmente.

Por meio dessas inúmeras facetas, as culturas e sociedades dos BRICS se entrelaçam e interagem com a paisagem global, contribuindo para moldar não apenas seu próprio futuro, mas também o de toda a comunidade global.

Resumo, aspectos culturais e sociais das nações do BRICS

Em resumo, a cultura e a sociedade das nações do BRICS tecem uma tapeçaria complexa e diversificada de influências e interações que permeiam o cenário global de várias maneiras.

Patrimônio Cultural Global

Cada país membro do BRICS contribui de forma única para a herança cultural global por meio da arte, música, literatura e tradições que estão historicamente enraizadas, mas em constante evolução. Essa herança cultural não apenas enriquece a estrutura da história e identidade de cada país, mas também se entrelaça com as culturas globais, criando novos pontos de interconexão e diálogo intercultural.

Sinergias e atritos culturais

A pluralidade de expressões culturais e sociais entre os países do BRICS gera sinergias e atritos. As sinergias surgem por meio do compartilhamento e adaptação mútua de ideias e práticas culturais, enquanto atritos podem surgir de divergências ideológicas, disparidades no poder brando e diferentes prioridades nas políticas culturais e sociais.

Amplificadores da mudança social

As sociedades do BRICS também atuam como amplificadoras da mudança social, oferecendo novas narrativas e paradigmas que desafiam o status quo nacional e internacionalmente. Isso ocorre por meio de movimentos sociais, iniciativas de ativismo cultural e político e da criação e disseminação de conteúdos midiáticos e artísticos que transmitem mensagens poderosas e muitas vezes transformadoras.

Integração e divergência

Os BRICS, com suas culturas e sociedades distintas, estão em uma encruzilhada de integração e divergência. Por um lado, a cooperação multilateral em vários setores promove a integração e o compartilhamento de objetivos comuns. Por outro lado, as divergências se tornam evidentes em diferentes trajetórias de desenvolvimento social e cultural, diversas abordagens de governança e resolução de conflitos e diferentes percepções e respostas aos desafios globais.

Liderança cultural

As nações do BRICS estão se esforçando para afirmar a liderança cultural, projetando seus valores, narrativas e práticas culturais além de suas fronteiras. Essa liderança se manifesta por meio de vários canais, como produções cinematográficas, eventos culturais internacionais e a promoção de línguas nativas no cenário global.

Rumo ao futuro

Finalmente, a projeção dos BRICS em direção ao futuro está embutida em seus esforços coletivos e individuais para criar caminhos sustentáveis e inclusivos de desenvolvimento social e cultural. Isso envolve promover inovações, adotar tecnologias emergentes e se comprometer com maior equidade e inclusão em suas próprias sociedades e no cenário internacional.

Em última análise, à medida que os BRICS continuam a explorar novas fronteiras de cooperação e a enfrentar os desafios intrínsecos de suas diversas identidades culturais e sociais, a compreensão mútua e o respeito pelos valores compartilhados serão cruciais para forjar um futuro comum e construtivo, tanto dentro do bloco quanto no contexto global mais amplo. A análise da cultura e da sociedade dentro do BRICS fornece uma janela para explorar a dinâmica e o potencial desse influente grupo de nações no cenário mundial.

14. Instituições financeiras, papel das instituições financeiras do BRICS, como o Banco do BRICS

O papel das instituições financeiras nos países do BRICS, como o Banco do BRICS, é fundamental para moldar o cenário econômico e financeiro não apenas dentro do bloco, mas também globalmente.

Banco BRICS: Um pilar do desenvolvimento econômico

O Banco BRICS, oficialmente conhecido como Novo Banco de Desenvolvimento (NDB), foi estabelecido em 2014 como uma resposta direta à necessidade de um novo mecanismo financeiro que pudesse apoiar projetos de infraestrutura e desenvolvimento sustentável em economias emergentes e países em desenvolvimento. O NDB desempenha um papel fundamental em:

- **Financiamento de projetos de infraestrutura:** fornece financiamento e apoio para projetos de infraestrutura e desenvolvimento sustentável nos países do BRICS.

- **Cooperação financeira:** serve como uma plataforma para a cooperação financeira entre seus membros, facilitando o comércio e o investimento por meio da criação de mecanismos financeiros compartilhados e colaborativos.

- **Complemento e alternativa:** atua como complemento e alternativa às instituições financeiras existentes, abordando especificamente as necessidades e dinâmicas dos países do BRICS e de outras economias emergentes.

Papel multidimensional das instituições financeiras do BRICS

1. **Catalisador do crescimento econômico:** As instituições financeiras do BRICS desempenham um papel estratégico na catalisação do crescimento econômico financiando projetos e iniciativas que podem melhorar a infraestrutura e criar oportunidades de investimento.

2. **Redução da pobreza e desenvolvimento sustentável:** Eles são essenciais para

impulsionar esforços em direção à redução da
pobreza e ao desenvolvimento sustentável,
fornecendo recursos e suporte técnico para
projetos e políticas que promovam a inclusão
social e econômica.

3. **Estabilização econômica:** Eles servem como
   estabilizadores econômicos, ajudando a mitigar
   as vulnerabilidades econômicas por meio da
   provisão de fundos e da implementação de
   políticas financeiras coordenadas em tempos de
   crise.

4. **Comércio e investimentos:** Eles atuam como
   facilitadores do comércio e dos investimentos,
   criando plataformas e mecanismos que tornam
   mais fácil e conveniente para os estados
   membros colaborarem e investirem mutuamente.

Perspectivas e desafios futuros

- **Equidade e transparência:** Garantir que os
  recursos e benefícios das instituições financeiras
  sejam distribuídos de forma justa e transparente
  entre todos os membros.

- **Governança e responsabilidade:**
  Implementar mecanismos de governança fortes e
  transparentes que garantam a responsabilidade e
  a eficácia das instituições financeiras.

- **Adaptabilidade e resiliência:** evoluindo e se adaptando às mudanças na dinâmica econômica global, garantindo que as instituições financeiras permaneçam resilientes diante dos desafios futuros.

- **Colaboração global:** Promover uma colaboração mais estreita com outras instituições financeiras internacionais e regionais.

Em resumo

As instituições financeiras do BRICS, como o Banco do BRICS, representam um pilar fundamental para apoiar e promover o desenvolvimento econômico sustentável e integrado entre os países membros e além. Sua capacidade de enfrentar desafios e capitalizar oportunidades determinará em grande parte o futuro da cooperação econômica e financeira dentro do bloco BRICS e no sistema financeiro global mais amplo.

Continuando a discussão sobre a importância das instituições financeiras dentro do bloco BRICS, fica evidente como a interação de elementos econômicos, sociais e políticos é central na análise da capacidade dessas instituições de influenciar a geopolítica e a economia globais.

Integração financeira

A integração financeira entre os países do BRICS é crucial para a força geral e a resiliência do bloco. Essa integração vai além do financiamento de projetos de infraestrutura até a criação de um sistema financeiro robusto e interconectado que pode atender às necessidades específicas dos países membros. Além disso, o estabelecimento de um sistema de pagamento do BRICS que facilite as transações comerciais dentro do bloco representa outro aspecto crítico do aprimoramento da integração financeira e econômica entre os países membros.

Desenvolvimento do setor privado

As instituições financeiras do BRICS também desempenham um papel essencial no desenvolvimento do setor privado nos países membros, fornecendo financiamento e apoio a pequenas e médias empresas (PMEs) e iniciando projetos que podem impulsionar a inovação e o empreendedorismo. Nesse contexto, PMEs e startups emergentes podem acessar capital e recursos que, de outra forma, seriam difíceis de obter, estimulando assim a inovação, a criação de empregos e o crescimento econômico.

Interação com economias globais

Também é relevante considerar a interação das instituições financeiras do BRICS com as economias globais e como elas influenciam e são influenciadas pela dinâmica econômica e financeira internacional. A capacidade das instituições financeiras do BRICS de navegar pelos altos e baixos da economia global e, ao mesmo tempo, garantir a estabilidade e o crescimento dos países membros é um elemento-chave na construção de um sistema financeiro global mais equilibrado e sustentável.

Desafios na implementação do projeto

Os desafios na implementação de projetos locais e regionais também são uma área-chave a ser examinada. Apesar da disponibilidade de fundos e recursos, muitas vezes existem obstáculos burocráticos, técnicos e sociais que impedem a implementação efetiva de projetos de infraestrutura e desenvolvimento. Nesse sentido, as instituições financeiras do BRICS devem não apenas garantir a disponibilidade de capital, mas também facilitar a realização do projeto, oferecendo conhecimento técnico, gerenciando questões socioambientais e superando obstáculos burocráticos.

Implicações ambientais e sociais

As implicações ambientais e sociais dos projetos financiados pelas instituições financeiras do BRICS são outro ponto crucial a ser considerado. O financiamento de projetos de infraestrutura em grande escala pode ter impactos significativos no meio ambiente e nas comunidades locais. Portanto, é imperativo que as instituições financeiras adotem uma abordagem responsável e sustentável ao investimento, garantindo que os projetos sejam economicamente benéficos e ambientalmente e socialmente sustentáveis.

Dinâmica de potência interna

Analisar a dinâmica interna do poder nas instituições financeiras do BRICS e como elas influenciam a tomada de decisões e as políticas também é um elemento crítico. A distribuição do poder de tomada de decisão, tensões e alianças entre os países membros e como essas dinâmicas se refletem nas operações e iniciativas das instituições financeiras oferecem informações valiosas sobre a funcionalidade e a eficácia dessas instituições a longo prazo.

Em conclusão, embora essas sejam apenas algumas das muitas facetas que caracterizam o papel das instituições financeiras do BRICS, é claro que sua influência vai muito além do simples financiamento de projetos. Eles são agentes de desenvolvimento, facilitadores da cooperação internacional e atores influentes no cenário econômico global, com todas as complexidades e desafios que isso acarreta.

Ressaltando ainda mais a importância das instituições financeiras dentro do bloco BRICS, vários aspectos

críticos e dinâmicas que influenciam e influenciam
essas entidades podem ser explorados.

Cooperação e competição internacional

Examinando o cenário internacional, as instituições
financeiras do BRICS desempenham um papel duplo
de cooperação e competição. Por um lado, eles buscam
desenvolver sinergias com instituições financeiras
globais existentes, como o Fundo Monetário
Internacional e o Banco Mundial, tentando navegar e,
às vezes, desafiar a dinâmica de poder predominante.
Por outro lado, eles representam uma forma de
antagonismo em relação ao sistema financeiro global
dominante, oferecendo uma alternativa ou contrapeso
às instituições financeiras ocidentais e seus modelos de
financiamento e desenvolvimento.

Diversificação de carteiras de investimento

Outra esfera de interesse poderia ser a gestão e
diversificação de carteiras de investimentos pelas
instituições financeiras do BRICS. Como os projetos
são selecionados para receber financiamento? Quais
são as políticas e práticas adotadas para mitigar riscos
e garantir o retorno do investimento? O gerenciamento
de riscos, a análise de viabilidade do projeto e a criação
de uma estratégia de investimento sustentável são
essenciais para garantir que o financiamento seja
distribuído de forma eficaz e tenha um impacto

positivo no desenvolvimento econômico dos países
membros e de outros países.

Focando em setores específicos

Um exame de setores específicos favorecidos pelas
instituições financeiras do BRICS poderia fornecer
informações sobre onde o bloco vê as maiores
oportunidades e desafios. Por exemplo, a atenção pode
ser dada à energia renovável, construção de
infraestrutura, agricultura sustentável ou digitalização,
cada uma com conjuntos específicos de benefícios,
desafios e dinâmicas de implementação.

Impactos sociais de projetos financiados

Analisar os impactos sociais de projetos financiados
pelas instituições financeiras do BRICS é uma área que
merece uma análise cuidadosa. Isso inclui avaliar o
impacto dos projetos no bem-estar socioeconômico das
comunidades locais, na criação de empregos, na
redução da pobreza e na igualdade de gênero. Além
disso, explorar como essas instituições abordam
questões de inclusão e justiça social em seus projetos
de investimento e políticas financeiras seria
interessante.

Regulamentos e conformidade

A conformidade regulatória e os desafios legais representam outro aspecto fundamental das operações das instituições financeiras do BRICS. Isso implica não apenas o cumprimento das leis e regulamentações locais nos países em que operam, mas também a adesão aos padrões internacionais relacionados à transparência, anticorrupção e normas ambientais. Explorar as estratégias e medidas adotadas para garantir que os projetos financiados cumpram as leis e regulamentações relevantes é vital para entender os desafios e oportunidades que as instituições financeiras do BRICS encontram no financiamento global de projetos.

Inclusão financeira

A inclusão financeira é outra dimensão que poderia ser mais explorada. Como as instituições financeiras do BRICS contribuem para promover a inclusão financeira nos países membros e nações beneficiárias de seu financiamento? A adoção de tecnologias financeiras (FinTech) e iniciativas para estender os serviços financeiros a comunidades sem ou sem conta bancária são alguns dos mecanismos pelos quais essas instituições podem promover maior inclusão financeira e igualdade.

Conclusões parciais e perspectivas futuras

Embora cada aspecto possa ser expandido ainda mais, é essencial reconhecer que as instituições financeiras do BRICS operam em um ambiente global complexo e em constante evolução. Enquanto trabalham para financiar projetos que estimulam o crescimento e o desenvolvimento nos países membros e nas nações parceiras, essas instituições devem equilibrar as metas de desenvolvimento, a sustentabilidade e o retorno do investimento, ao mesmo tempo em que navegam pelas complexidades da geopolítica global e da dinâmica econômica.

A capacidade das instituições financeiras do BRICS de se adaptar, inovar e desenvolver mecanismos eficazes para gerenciamento de riscos e capitalizar oportunidades será fundamental para seu sucesso e impacto no futuro do financiamento global do desenvolvimento. Com o tempo, o papel, a influência e o impacto dessas instituições serão moldados pelas decisões estratégicas tomadas hoje e por sua capacidade de responder de maneira ágil e inovadora aos desafios emergentes.

Integração e estabilidade financeiras

As instituições financeiras do BRICS desempenham um papel essencial na integração dos mercados financeiros e na garantia da estabilidade dentro do bloco. Ao criar uma plataforma que visa facilitar o comércio e os investimentos diretos entre os países membros, essas instituições buscam estabilizar e aprimorar as economias nacionais em um contexto global. A integração financeira e a estabilidade ajudam os países membros a se protegerem contra vulnerabilidades externas, oferecendo maior resiliência contra as flutuações do mercado global e as crises econômicas.

Parcerias e engajamento do setor privado

Engajar o setor privado por meio de parcerias com instituições financeiras do BRICS é fundamental para mobilizar capital adicional e conhecimento técnico. As instituições financeiras do BRICS, como o Banco do BRICS, geralmente buscam atrair investidores privados e estabelecer parcerias com o setor privado para ampliar o impacto de seus projetos e programas. Uma análise detalhada de como essas instituições colaboram com o setor privado e engajam investidores e empresas pode fornecer informações sobre a eficácia e a sustentabilidade dos projetos financiados.

Desenvolvimento de pequenas e médias empresas (PMEs)

As PMEs desempenham um papel crucial nas economias do BRICS, contribuindo significativamente para o crescimento econômico, a criação de empregos e o desenvolvimento sustentável. Portanto, as instituições financeiras do BRICS poderiam desenvolver estratégias para apoiar as PMEs fornecendo financiamento, treinamento e assistência técnica. Como esses programas são estruturados?

Como eles contribuem para melhorar o ecossistema empreendedor nos países membros?

Transparência e responsabilidade

A questão da transparência e responsabilidade nas instituições financeiras do BRICS é outro aspecto que merece ser examinado em profundidade. Isso inclui não apenas operações internas, mas também processos de tomada de decisão, alocação de fundos e gerenciamento de projetos. Examinar as medidas e práticas adotadas pelas instituições financeiras do BRICS para garantir transparência e responsabilidade perante os países membros e beneficiários do projeto é crucial para avaliar seu impacto e eficácia.

Desenvolvimento sustentável e finanças verdes

Além disso, uma análise do compromisso das instituições financeiras do BRICS com o desenvolvimento sustentável e as finanças verdes é de vital importância. Quais instrumentos financeiros verdes essas instituições estão explorando ou implementaram? Como os projetos são avaliados e monitorados do ponto de vista da sustentabilidade ambiental? Um mergulho profundo nas estratégias e abordagens de finanças verdes e desenvolvimento sustentável pode fornecer informações sobre como os BRICS estão abordando questões relacionadas à mudança climática e à sustentabilidade por meio de suas instituições financeiras.

Governança e estrutura organizacional

A governança e a estrutura organizacional das instituições financeiras do BRICS também exigem um exame minucioso. Como as políticas são formuladas? Quem toma decisões e por meio de quais mecanismos? Como a estrutura de governança influencia o estabelecimento de prioridades e a implementação do projeto? Analisar a estrutura e os mecanismos de tomada de decisão pode ajudar a entender melhor como essas instituições operam e como elas podem evoluir no futuro.

Conclusão aberta

Continuar a explorar e aprofundar esses e outros aspectos das instituições financeiras do BRICS leva a uma jornada de descoberta entrelaçada com temas cada vez mais amplos e complexos, onde finanças, desenvolvimento, política e sustentabilidade convergem em uma rede global de interconexões e interdependências, com implicações que se estendem muito além das fronteiras dos países membros e estão enraizadas em um sistema internacional em constante mudança e renegociação.

Contextualizando as instituições financeiras do BRICS

As instituições financeiras do BRICS, particularmente o Banco do BRICS, assumiram um papel fundamental no apoio e na condução do desenvolvimento econômico, não apenas nos países membros, mas também em outros mercados emergentes. A criação de uma plataforma financeira sólida e resiliente permite que os países do BRICS busquem metas de desenvolvimento mais amplas, enfrentem coletivamente os desafios econômicos e criem um papel influente no sistema econômico global.

Desenvolvimento Econômico e Financiamento de Projetos

As instituições financeiras, por meio do desenvolvimento e financiamento de vários projetos em setores-chave, como infraestrutura, energia e desenvolvimento sustentável, tornam-se pilares do progresso econômico e da estabilidade. Esses projetos, além de fornecerem estímulos diretos às economias locais, facilitam o comércio e os investimentos intra-BRICS, fortalecendo redes econômicas e parcerias entre os países membros.

Engajamento com comunidades locais

O envolvimento e o impacto das instituições financeiras do BRICS nas comunidades locais são aspectos essenciais. Os projetos financiados e desenvolvidos não devem apenas respeitar os direitos e necessidades das comunidades locais, mas também contribuir para seu bem-estar e desenvolvimento. A forma como essas instituições interagem com as comunidades locais, adotam práticas sustentáveis e avaliam o impacto social e ambiental dos projetos é crucial para entender sua responsabilidade e eficácia na promoção de um desenvolvimento genuíno e inclusivo.

Inovação e tecnologia financeira

A inovação e a adoção de novas tecnologias financeiras representam outro ponto chave. As instituições financeiras do BRICS estão explorando e adotando tecnologias emergentes, como blockchain e criptomoedas, para aumentar a eficiência, reduzir custos e aumentar a transparência nas transações e operações financeiras. A posição dos BRICS no campo da fintech e as implicações futuras de tais inovações nas práticas globais de finanças e desenvolvimento merecem uma análise detalhada.

Diálogo e cooperação internacional

Além disso, as instituições financeiras do BRICS operam não apenas dentro do bloco, mas também em um contexto internacional mais amplo. Sua capacidade de dialogar e cooperar com outras instituições financeiras internacionais, como o Fundo Monetário Internacional e o Banco Mundial, e a posição que assumem em fóruns econômicos globais contribuem para definir o papel e a influência dos BRICS no cenário econômico global.

Conclusões e perspectivas futuras

As instituições financeiras do BRICS, desafiando os mecanismos financeiros tradicionais e se posicionando como alternativas e/ou complementos às instituições financeiras ocidentais, estão gradualmente moldando um novo cenário econômico e financeiro. Equilibrar a busca de metas domésticas de desenvolvimento, manter a estabilidade econômica e o crescimento e navegar nas águas complexas da geopolítica e das alianças internacionais definem um caminho complexo e multifacetado.

Explorar a trajetória futura dos BRICS, a dinâmica dentro do bloco, sua capacidade de equilibrar interesses nacionais e coletivos e de promover o desenvolvimento sustentável e inclusivo determinará significativamente a futura ordem econômica e financeira global.

Portanto, surge um cenário de oportunidades e desafios, no qual os BRICS, por meio de suas instituições financeiras, continuarão navegando, moldando e sendo moldados pelo contexto global em que operam. Sua trajetória, se for capaz de equilibrar os interesses nacionais e coletivos e promover o desenvolvimento sustentável e inclusivo, moldará significativamente a futura ordem econômica e financeira global.

Comércio Internacional • Analisando o papel dos BRICS no comércio internacional

A evolução do comércio internacional por meio dos BRICS

O bloco BRICS (Brasil, Rússia, Índia, China e África do Sul) tem assumido um papel cada vez mais influente no cenário do comércio internacional, contribuindo para redefinir a dinâmica global e formar novos corredores comerciais e alianças econômicas. Sua posição na economia mundial, no comércio intrabloco e nas estratégias de comércio exterior são elementos críticos para entender como os BRICS estão moldando e sendo moldados pela dinâmica do comércio internacional.

Impacto econômico e relevância global

Os países do BRICS, apesar de seu tamanho econômico, recursos naturais e estruturas socioeconômicas, compartilham o objetivo comum de aumentar sua influência na arena comercial global. A crescente importância desses países nas exportações globais, seu peso crescente na economia mundial e seu papel na produção e distribuição de bens em todo o mundo marcam uma influência decisiva nas cadeias globais de valor.

Dinâmica comercial dentro dos BRICS

Dentro da estrutura do BRICS, os países membros têm buscado intensificar o comércio mútuo, com o objetivo de reduzir a dependência de economias avançadas e diversificar suas próprias economias. Essa estratégia levou a uma maior integração econômica entre os países do bloco, por meio de acordos bilaterais e multilaterais, facilitação do comércio e estabelecimento de plataformas comuns para diálogo e cooperação econômica.

Estratégias de integração global

Os BRICS, em sua busca por consolidar sua posição no comércio global, também exploraram estratégias de

integração e cooperação com outras economias
emergentes e desenvolvidas. A formação de alianças
regionais, como a Iniciativa do Cinturão e Rota (BRI)
da China, e a participação em fóruns econômicos
multilaterais são expressões da disposição dessas
nações de construir redes comerciais extensas e
resilientes.

Desafios e oportunidades

No entanto, os BRICS enfrentam vários desafios para
buscar o crescimento sustentável do comércio e
equilibrar suas ambições econômicas com as
necessidades internas de desenvolvimento e a
sustentabilidade ambiental. Tensões comerciais,
divergências políticas e diferenças estruturais entre as
economias dos países membros representam
obstáculos significativos que exigem soluções
compartilhadas e diálogo contínuo.

Dimensão da sustentabilidade no comércio

A sustentabilidade no comércio, ou seja, a capacidade
dos BRICS de promover um comércio que não seja
apenas economicamente vantajoso, mas também social
e ambientalmente responsável, surge como um tema
central. O impacto ambiental do comércio, as práticas
trabalhistas e a transferência de tecnologia são fatores
que influenciam e são influenciados pela dinâmica
comercial dos BRICS e exigem uma análise

aprofundada para entender e orientar as trajetórias futuras do bloco.

Rumo ao futuro do comércio global

Em resumo, com sua crescente influência econômica e comercial, os BRICS estão moldando uma nova ordem no comércio internacional, propondo novas dinâmicas, criando novas alianças e, de certa forma, redesenhando os mapas das rotas comerciais globais. Sua capacidade de enfrentar desafios internos e externos, promover o comércio sustentável e inclusivo e equilibrar suas ambições econômicas com as necessidades globais determinará o futuro de seu papel no comércio internacional e a marca de seu impacto na economia global.

Nesse contexto, a análise futura dos BRICS no comércio internacional, por meio da exploração de suas políticas comerciais, estratégias de integração global e do gerenciamento de desafios e oportunidades emergentes, fornecerá informações cruciais para a compreensão das evoluções futuras do comércio global e do sistema econômico internacional.

Influência dos BRICS em organizações internacionais

Os países do BRICS não são apenas ativos na definição de novos caminhos comerciais, mas também desempenham um papel cada vez mais proeminente em instituições e organizações comerciais internacionais, como a Organização Mundial do Comércio (OMC). Sua posição frequentemente unificada nesses fóruns permite que eles influenciem as normas e acordos comerciais internacionais, buscando refletir melhor os interesses e necessidades das economias emergentes.

Tecnologia e comércio digital

Além disso, a crescente digitalização do comércio global representa uma oportunidade e um desafio para os países do BRICS. Por um lado, o comércio eletrônico e as plataformas digitais oferecem novos canais e mercados para bens e serviços, ajudando a superar barreiras físicas e logísticas. Por outro lado, a digitalização exige a adaptação da infraestrutura tecnológica, dos regulamentos de segurança cibernética e das habilidades digitais.

Políticas de investimento

As estratégias de investimento estrangeiro direto (IED) dos BRICS, tanto em termos de investimentos de entrada quanto de saída, são outro pilar de sua atividade comercial. Criar políticas que atraiam investimentos estrangeiros e, ao mesmo tempo, identificar oportunidades de investimento estrangeiro são essenciais para manter e aumentar o crescimento econômico e estabelecer relações comerciais fortes e mútuas.

Relações com países em desenvolvimento

O papel dos BRICS no Sul global também é significativo. Muitos países em desenvolvimento veem os BRICS como parceiros preferenciais porque podem oferecer modelos de crescimento alternativos aos propostos pelas economias avançadas, às vezes com menos condições políticas. Isso permitiu que os BRICS construíssem redes de influência e parcerias na Ásia, África e América Latina, fortalecendo ainda mais seu peso no comércio global.

Contradições e críticas

Apesar do impacto significativo dos BRICS, existem inúmeras contradições e críticas. As desigualdades nos países do BRICS são frequentemente acentuadas, e as estratégias de crescimento orientadas para a exportação às vezes podem entrar em conflito com a necessidade de desenvolver mercados domésticos robustos e inclusivos. O desafio está em equilibrar as políticas voltadas para a exportação com estratégias que garantam a distribuição equitativa dos benefícios do crescimento em nível nacional.

Questões ambientais e sustentabilidade

As questões ambientais são outro aspecto fundamental a ser considerado. A intensificação do comércio pode ter um impacto significativo no meio ambiente, tanto em termos de emissões geradas pelo transporte quanto pela exploração de recursos naturais. Portanto, os BRICS são chamados a refletir sobre como conciliar a necessidade de crescimento e desenvolvimento com a necessidade de proteger o meio ambiente e promover o desenvolvimento sustentável.

A pandemia e as novas dinâmicas

Finalmente, o impacto da pandemia da COVID-19 reescreveu muitas das regras do comércio internacional, provocando uma reflexão sobre as vulnerabilidades e a resiliência das cadeias de suprimentos globais. Para os BRICS, que administraram a crise com diferentes abordagens e foram afetados de maneiras diferentes, o período pós-pandemia será um momento chave para reconsiderar e potencialmente reformular suas estratégias de comércio e desenvolvimento.

Todos esses aspectos delineiam um cenário complexo e multidimensional no qual os BRICS navegam enquanto buscam consolidar seu papel, enfrentando dinâmicas globais em rápida evolução e desafios internos que exigem atenção e equilíbrio estratégico.

Continuando a explorar a paisagem mais ampla dos BRICS no contexto do comércio internacional

É essencial considerar vários outros aspectos que destacam as nuances e a complexidade de suas interações no sistema global, continuando a explorar o extenso cenário dos BRICS no contexto do comércio internacional.

Bilateralismo e multilateralismo

Embora atuem como um bloco em algumas circunstâncias, os BRICS também buscam agressivamente os interesses nacionais por meio de acordos bilaterais, tanto dentro do grupo quanto com outros países e regiões. A tensão entre bilateralismo e multilateralismo está sempre presente: embora o multilateralismo possa oferecer soluções globais mais equitativas e sustentáveis, os acordos bilaterais geralmente permitem que os países busquem seus interesses nacionais de forma mais direta.

Políticas tarifárias e não tarifárias

Os BRICS empregam uma variedade de ferramentas tarifárias e não tarifárias para proteger suas indústrias e mercados domésticos e promover ou inibir fluxos comerciais específicos. O uso de tais instrumentos pode refletir objetivos econômicos e políticos e, em alguns casos, também pode ser usado como uma ferramenta de pressão geopolítica.

Normas de direitos trabalhistas

Outro elemento essencial diz respeito aos direitos trabalhistas nos países do BRICS. Devido à diversidade de situações econômicas e sociais em cada país, os regulamentos e as condições de trabalho variam significativamente, influenciando a concorrência e a dinâmica de produção e comércio dentro e fora do grupo.

Soft Power e construção de imagens

Os BRICS também usam o comércio como um meio de construir seu "poder brando" e influenciar outros países por meio da cooperação econômica e do desenvolvimento de mercados comuns. Ao criar redes econômicas e iniciativas conjuntas, eles buscam fortalecer sua influência e moldar a percepção global sobre elas.

Integração do mercado financeiro

A integração dos mercados financeiros e das políticas cambiais entre os países do BRICS também é de fundamental importância. O uso de moedas próprias para o comércio dentro do grupo e a interconexão de suas bolsas de valores e instituições financeiras representam oportunidades de estabilidade e potenciais vetores de contágio em caso de crises financeiras.

Infraestrutura e logística

A infraestrutura e a logística desempenham um papel vital em facilitar ou impedir o comércio internacional. Projetos de infraestrutura, como a Iniciativa do Cinturão e Rota da China, não apenas criam novas rotas comerciais, mas também servem como instrumentos de influência geopolítica, conectando econômica e fisicamente várias regiões do mundo.

Comércio e direitos humanos

A relação entre comércio e direitos humanos é outra questão espinhosa frequentemente trazida à tona em termos de relações externas dos BRICS. Equilibrar os interesses comerciais e econômicos com o respeito pelos direitos humanos e a promoção de padrões globais é um dilema persistente e uma fonte de tensão tanto interna quanto nas relações internacionais.

Patentes e propriedade intelectual

Finalmente, questões relacionadas a patentes e propriedade intelectual, especialmente na era da tecnologia e da biotecnologia, representam um terreno fértil para possíveis conflitos e colaborações. A forma como os BRICS gerenciam suas políticas de propriedade intelectual não apenas influencia a dinâmica dentro do grupo, mas também tem implicações mais amplas para inovação, acesso a tecnologias e medicamentos e relações com outros países e corporações multinacionais.

Esses aspectos adicionais oferecem uma estrutura ainda mais detalhada e complexa da dinâmica que impulsiona os BRICS no contexto do comércio internacional, delineando um cenário de relações entrelaçadas, objetivos às vezes conflitantes e uma navegação contínua entre cooperação e competição.

Em conclusão

Em conclusão, a análise do papel dos BRICS no comércio internacional revela uma realidade extraordinariamente complexa e dinâmica. Esses países, apesar de suas diferenças e desafios internos, demonstraram um impacto significativo no cenário global, redefinindo a dinâmica comercial e contribuindo para moldar uma nova ordem mundial.

Os BRICS cresceram em importância na economia global, tornando-se um dos principais players do comércio internacional. Sua influência tem sido evidente em vários setores, desde energia e commodities até alta tecnologia e manufatura. Estratégias de comércio exterior, diversificação econômica e criação de redes comerciais globais tornaram-se características distintivas de sua abordagem ao comércio internacional.

No entanto, os BRICS enfrentam inúmeros desafios, como desigualdades internas, questões ambientais, divergências nas políticas econômicas e dificuldades em gerenciar relacionamentos complexos com outros atores globais. Encontrar um equilíbrio entre promover o comércio justo e sustentável e alcançar as metas econômicas nacionais continua sendo um dilema constante.

O período pós-pandemia será crucial para que os BRICS redefinam suas estratégias de comércio e desenvolvimento à luz das novas dinâmicas globais. Será essencial considerar como enfrentar os desafios emergentes, incluindo as mudanças climáticas, a digitalização do comércio e a necessidade de promover o crescimento inclusivo e sustentável.

Em última análise, o BRICS continuará sendo um ator fundamental no comércio internacional e continuará a moldar a nova ordem mundial. Sua capacidade de se adaptar aos desafios em evolução e contribuir para o crescimento econômico compartilhado e sustentável determinará seu sucesso futuro e seu impacto duradouro no cenário global.

16. Globalização versus nacionalismo • Discussão sobre como os BRICS equilibram globalização e nacionalismo

A discussão sobre como os BRICS equilibram globalização e nacionalismo é de suma importância, pois reflete um dos desafios mais relevantes no cenário geopolítico atual. Esses países emergentes navegam entre o desejo de participar ativamente da globalização econômica e a necessidade de preservar a soberania nacional e a identidade cultural. Aqui estão alguns pontos-chave para entender essa dinâmica complexa:

Globalização econômica

Os BRICS geralmente adotaram uma posição favorável em relação à globalização econômica. Eles reconhecem os benefícios de participar de mercados globais, como acesso a novos mercados, fluxos de investimento estrangeiro e importação de tecnologias avançadas. Eles promoveram acordos comerciais, trocas de investimentos e parcerias econômicas com outras nações, demonstrando vontade de aprofundar os laços comerciais internacionais.

Protecionismo moderado

No entanto, os BRICS não são estranhos ao protecionismo moderado, especialmente no que diz respeito a setores estratégicos ou à defesa de interesses nacionais. Eles usam ferramentas como tarifas, cotas de importação e regulamentações para proteger as indústrias locais e promover a produção nacional. Essas medidas podem ser empregadas em resposta a crises econômicas ou pressões geopolíticas.

Nacionalismo cultural

Do ponto de vista cultural e político, os BRICS estão comprometidos em preservar e promover suas identidades nacionais e culturais. Cada um desses países tem uma história, idioma e cultura únicos e busca protegê-los da homogeneização cultural trazida pela globalização. Esse nacionalismo cultural pode se manifestar em políticas que promovem a linguagem, as artes e a cultura nacional.

Soberania política

Os BRICS mantêm uma posição forte em relação à soberania política. Eles rejeitam a interferência externa nos assuntos internos e defendem o princípio da não interferência nos assuntos de outros países. Essa posição é frequentemente expressa em relação a questões como tensões regionais, conflitos internos e mudanças de regime.

Equilíbrio enfatizado

Os BRICS buscam constantemente um equilíbrio entre a participação ativa na globalização econômica e a defesa de seus interesses nacionais e culturais. Esse equilíbrio é frequentemente desafiado por eventos globais, como crises financeiras, conflitos geopolíticos e tensões comerciais. Nesses momentos, eles podem adotar uma posição mais nacionalista ou mais globalizada, dependendo das circunstâncias.

Em resumo, os BRICS representam um desafio à dicotomia tradicional entre globalização e nacionalismo. Esses países se esforçam para equilibrar a participação ativa na globalização econômica com a proteção de seus interesses nacionais e culturais. Sua capacidade de manter esse equilíbrio delicado será fundamental para seu futuro e para a definição do papel das economias emergentes no contexto global.

Para obter uma compreensão mais detalhada de como os BRICS equilibram globalização e nacionalismo, é importante examinar exemplos específicos e os desafios associados a essa dinâmica complexa:

1. Comércio internacional

Os BRICS favoreceram a liberalização do comércio internacional, mas também protegem os principais setores de suas economias da concorrência excessiva. Por exemplo, o Brasil impôs tarifas sobre certos produtos manufaturados para proteger sua indústria nacional, enquanto a Índia adotou políticas semelhantes para apoiar o setor agrícola. Essas ações muitas vezes têm sido objeto de controvérsia, pois podem impedir a adesão total ao comércio global.

2. Investimentos estrangeiros

Os BRICS atraíram investimentos estrangeiros substanciais, mas se tornaram mais seletivos ao permitir o acesso a setores estratégicos. Por exemplo, a China reforçou a supervisão dos investimentos estrangeiros diretos em áreas como tecnologia e segurança nacional. Esse movimento é visto como uma tentativa de equilibrar a necessidade de capital estrangeiro com a preservação da segurança nacional e das principais tecnologias.

3. Tecnologia e controle de dados

Os BRICS estão ativamente engajados na corrida tecnológica global, mas também buscam garantir sua independência tecnológica e segurança de dados. Por exemplo, a Rússia promulgou uma lei que exige que dados pessoais de cidadãos russos sejam armazenados em servidores localizados no país, uma medida interpretada como um esforço para aumentar o controle sobre dados e tecnologia.

4. Identidade cultural

Os BRICS dão importância significativa à promoção de suas identidades culturais únicas. Isso se traduz em políticas de apoio ao idioma, às artes e à cultura nacional. Por exemplo, o Brasil promove a difusão da língua portuguesa, enquanto a Índia apoia a difusão da língua hindi. Esses esforços refletem o compromisso de preservar a diversidade cultural em um mundo cada vez mais globalizado.

5. Liderança global

Os BRICS buscam ativamente expandir sua influência no cenário global. Eles colaboram em organizações como as Nações Unidas e o G20 para promover uma ordem mundial mais multipolar. No entanto, eles também estão comprometidos em apoiar o princípio da soberania nacional e evitar interferências nos assuntos internos de outros países.

6. Desafios geopolíticos

Desafios geopolíticos, como o conflito na Ucrânia e as tensões entre a Índia e a China no Himalaia, testaram a solidariedade dos BRICS. Enquanto buscam equilibrar suas relações bilaterais com outros atores globais, como os Estados Unidos e a União Europeia, eles devem enfrentar os desafios geopolíticos que testam sua abordagem à soberania e à cooperação global.

Em resumo, os BRICS enfrentam constantemente um conjunto complexo de desafios quando se trata de equilibrar a globalização com o nacionalismo. Suas políticas e ações dependem de uma série de fatores, incluindo interesses econômicos, desafios geopolíticos e o desejo de preservar suas identidades culturais. Essa dinâmica está no centro de suas relações globais e representa um dos desafios mais significativos no contexto geopolítico atual.

7. **Recursos naturais** Os países do BRICS são ricos em recursos naturais, e esse é um fator que influencia suas políticas econômicas e comerciais. Embora busquem se beneficiar da globalização exportando recursos, eles também adotam políticas para proteger e gerenciar estrategicamente esses recursos. Por exemplo, o Brasil tem políticas para controlar as exportações de recursos naturais como petróleo, enquanto a Rússia tem limitações semelhantes nas exportações de gás natural.

8. **Investimentos em infraestrutura** Os BRICS iniciaram projetos significativos de investimento em infraestrutura, tanto em nível nacional quanto internacional. Esses investimentos geralmente visam promover a conectividade regional e global e apoiar o crescimento econômico. No entanto, esses projetos também podem ser usados como ferramentas de influência geopolítica, contribuindo para a criação de redes comerciais e a consolidação da influência global dos BRICS.

9. **Pandemia e nacionalismo da saúde** A pandemia da COVID-19 reacendeu o debate sobre globalização e nacionalismo. Embora os BRICS tenham colaborado para garantir o acesso às vacinas e compartilhar conhecimento científico, cada país

também adotou medidas nacionais para proteger a saúde de seus cidadãos. Esse equilíbrio entre cooperação global e protecionismo da saúde exemplifica o dilema mais amplo entre globalização e nacionalismo.

10. **Contenção da crise financeira** Os BRICS criaram seu próprio fundo de reserva cambial, conhecido como "Arranjo Contingente de Reservas", para enfrentar crises financeiras globais sem depender de instituições financeiras ocidentais como o Fundo Monetário Internacional (FMI). Isso demonstra a vontade de manter um grau de controle sobre seus assuntos financeiros e uma preferência por soluções regionais em relação às instituições globais.

11. **Tensões comerciais As tensões** comerciais entre os BRICS podem testar a solidariedade do grupo. Por exemplo, Índia e China tiveram disputas comerciais e territoriais que influenciaram suas relações dentro dos BRICS. Esses conflitos exigem um equilíbrio delicado entre apoiar sua própria soberania e a importância da coesão do grupo.

12. **Diversidade geográfica e econômica** Os BRICS representam uma diversidade geográfica e econômica significativa, o que complica ainda mais o equilíbrio entre globalização e nacionalismo. Por exemplo, a Índia é uma das maiores economias

emergentes do mundo, enquanto a África do Sul é relativamente menor. Essas diferenças influenciam as estratégias e prioridades de cada país dentro do grupo.

Em resumo, os BRICS continuam equilibrando globalização e nacionalismo por meio de uma série de políticas, ações e iniciativas. Essa dinâmica complexa é moldada por fatores econômicos, políticos, culturais e ambientais e requer adaptação constante aos desafios e oportunidades emergentes no contexto global. A forma como eles abordam esse equilíbrio terá implicações significativas para o futuro das relações internacionais e da ordem mundial.

13. **Investimentos em países em desenvolvimento** Os BRICS aumentaram os investimentos em países em desenvolvimento, tanto por razões econômicas quanto geopolíticas. Esses investimentos podem promover o crescimento econômico nos países anfitriões, mas também podem levantar preocupações sobre o neocolonialismo e a dependência econômica. Os BRICS buscam equilibrar sua crescente presença global com a necessidade de respeitar a soberania dos estados anfitriões.

14. **Diplomacia econômica** Os BRICS desenvolveram uma diplomacia econômica ativa para perseguir seus interesses globais. Eles

organizaram cúpulas econômicas e comerciais e
procuraram influenciar organizações globais como a
Organização Mundial do Comércio (OMC) a
promover suas prioridades. Esses esforços
demonstram o compromisso de promover seus
interesses, mas também podem criar atritos com
outras nações.

15. **Educação e Ciência** Os BRICS também
colaboram nos campos da educação e da ciência
para promover a inovação e o desenvolvimento
tecnológico. Essa cooperação pode ser vista como
uma tentativa de equilibrar a globalização,
promovendo a educação e a pesquisa nacionais.

16. **Controle de mídia** Cada país do BRICS tem
políticas de controle de mídia que refletem suas
necessidades nacionais e culturais. Por exemplo, a
China tem uma censura estrita de conteúdo on-line
para preservar a estabilidade política, enquanto o
Brasil tem regulamentações para promover a
produção de conteúdo cultural local. Essas
abordagens ilustram como os BRICS buscam
equilibrar a globalização da mídia com suas
prioridades nacionais.

17. **Infraestrutura digital** Os BRICS fizeram
progressos significativos na infraestrutura digital
para reduzir a exclusão digital. Esses esforços
podem equilibrar a globalização por meio do acesso

universal à Internet e da promoção da inovação tecnológica em nível nacional.

18. **Reforma institucional global** Os BRICS têm apoiado a reforma de instituições globais, como o Conselho de Segurança das Nações Unidas, para torná-las mais representativas e responsivas aos desafios contemporâneos. Esse esforço é um exemplo de como eles buscam influenciar o sistema global e, ao mesmo tempo, proteger sua soberania.

19. **Investimentos em energia sustentável** Ao mesmo tempo em que atendem à crescente demanda de energia, os BRICS também fizeram investimentos significativos em energia sustentável, como fontes de energia renováveis. Esses investimentos podem equilibrar a globalização promovendo fontes de energia mais limpas e fortalecendo a segurança energética nacional.

20. **Coordenação em organizações internacionais** Os BRICS coordenam suas posições em várias organizações internacionais, como o G20 e o Conselho Empresarial do BRICS. Essa colaboração busca equilibrar a globalização por meio da influência coletiva nessas organizações, permitindo que os BRICS promovam seus interesses conjuntos.

Em conclusão, o equilíbrio entre globalização e nacionalismo pelos BRICS é um processo complexo

que envolve uma série de políticas e iniciativas. Esses
países emergentes se esforçam constantemente para
proteger seus interesses nacionais e culturais enquanto
se envolvem ativamente no cenário global. Sua
capacidade de gerenciar esse desafio determinará seu
papel futuro no cenário geopolítico e econômico global.

21. **Medidas de segurança alimentar** Os BRICS
implementaram políticas para garantir a segurança
alimentar de seus cidadãos. Essas políticas podem
incluir a promoção da agricultura doméstica e a
limitação das importações de alimentos. Tais
medidas são frequentemente justificadas com base
na necessidade de garantir a soberania alimentar,
mas também podem levar a um maior
protecionismo.

22. **Iniciativas culturais bilaterais** Dentro dos
BRICS, os países geralmente realizam iniciativas
bilaterais para promover sua cultura. Por exemplo, a
Rússia e a Índia podem organizar intercâmbios
culturais para melhorar a compreensão mútua entre
suas populações. Essas iniciativas podem ajudar a
fortalecer os laços entre os países membros e
preservar suas identidades culturais.

23. **Investimentos em indústrias estratégicas**
Os BRICS identificaram os principais setores
estratégicos para seu desenvolvimento e buscam
protegê-los de influências externas. Por exemplo, a

China adotou políticas "Fabricado na China 2025" para promover indústrias nacionais de alta tecnologia e reduzir a dependência de importações estrangeiras. Este é um exemplo de como eles equilibram a globalização com o objetivo de construir uma economia baseada em tecnologia.

24. **Acordo de Cooperação** de Xangai O Acordo de Cooperação de Xangai (SCO), que inclui várias nações da Ásia Central e a China, é um exemplo de como os BRICS equilibram os interesses regionais e globais. A SCO promove a cooperação econômica e de segurança na Ásia Central, mas os BRICS também usam essa plataforma para discutir questões globais e coordenar suas posições.

25. **Políticas industriais e comerciais** Cada país do BRICS tem políticas industriais e comerciais exclusivas para promover o crescimento econômico e o emprego. Essas políticas podem variar da promoção de exportações ao apoio a pequenas empresas. Embora busquem uma participação ativa no comércio global, essas políticas também refletem os esforços para manter um certo grau de autonomia econômica.

26. **Cooperação científica e tecnológica** Os BRICS promovem a cooperação científica e tecnológica para estimular a inovação. Esses esforços incluem o compartilhamento de pesquisas

e o desenvolvimento conjunto de tecnologias avançadas. A colaboração científica reflete a disposição dos BRICS de se engajar na competição tecnológica global, mantendo sua identidade científica e tecnológica.

27. **Impacto social e ambiental** Os BRICS buscam equilibrar os aspectos sociais e ambientais da globalização. Isso envolve enfrentar desafios relacionados à desigualdade e equidade social, bem como questões ambientais, como gestão sustentável de recursos e mudanças climáticas. Esses fatores contribuem para o equilíbrio entre a globalização e as necessidades nacionais.

28. **Papel nos fóruns regionais** Os BRICS participam ativamente de fóruns regionais, como a Cooperação Econômica Ásia-Pacífico (APEC) e a Organização de Cooperação de Xangai (SCO). Essa participação reflete uma abordagem multilateral que equilibra os interesses regionais e globais.

29. **Dependência econômica global** Os BRICS buscam equilibrar sua crescente dependência econômica global com a necessidade de preservar sua autonomia econômica. Isso pode envolver a diversificação das fontes de energia ou a promoção da produção local para reduzir a dependência das importações.

30. **Diplomacia do poder** brando Os BRICS visam promover seu poder brando, incluindo aspectos culturais como literatura, cinema e arte, para influenciar positivamente as percepções globais de si mesmos. Esses esforços contribuem para a promoção de sua cultura e a projeção de uma imagem positiva em todo o mundo.

Em conclusão, o equilíbrio entre globalização e nacionalismo pelos BRICS é um processo dinâmico e complexo que requer atenção constante às mudanças no contexto global. Esses países emergentes estão cientes da importância de se engajarem ativamente no cenário global para promover seus interesses econômicos, políticos e culturais. No entanto, ao mesmo tempo, eles buscam preservar sua soberania, identidade cultural e autonomia econômica.

Estratégias e políticas usadas pelos BRICS:

1. **Diplomacia bilateral e multilateral:** Eles colaboram em questões globais por meio de diplomacia ativa nos níveis bilateral e multilateral, buscando influenciar organizações internacionais e fóruns globais para promover seus interesses comuns.

2. **Economias nacionais diversas:** Cada país do BRICS tem uma economia e uma base industrial únicas, e eles buscam capitalizar essas diferenças

para promover a complementaridade econômica
dentro do grupo.

3. **Políticas industriais e comerciais:** Eles
adotam políticas industriais e comerciais para
promover o crescimento econômico e proteger as
indústrias estratégicas nacionais.

4. **Cooperação científica e tecnológica:** Eles
colaboram na pesquisa científica e no
desenvolvimento tecnológico para estimular a
inovação e competir globalmente.

5. **Investimentos estratégicos:** Eles fazem
investimentos estratégicos em setores-chave,
como infraestrutura, energia e tecnologias
avançadas, para apoiar o crescimento econômico
e a segurança nacional.

6. **Cultura e poder brando:** Eles usam a
promoção da cultura e do poder brando para
melhorar sua imagem global e influenciar
positivamente as percepções globais de si
mesmos.

7. **Diplomacia econômica:** Eles participam
ativamente de cúpulas econômicas e comerciais
internacionais para promover o comércio e os
investimentos.

8. **Gestão de recursos naturais:** Eles adotam políticas para gerenciar estrategicamente os recursos naturais e garantir a segurança alimentar e energética.

9. **Desenvolvimento sustentável:** Eles estão comprometidos em promover políticas de desenvolvimento sustentável para enfrentar os desafios ambientais e sociais.

Em um mundo cada vez mais interconectado, os BRICS enfrentam desafios e oportunidades crescentes. Sua capacidade de equilibrar efetivamente a globalização com suas necessidades nacionais será crucial para seu sucesso e papel na ordem mundial emergente. Ao manter uma abordagem flexível e adaptável, esses países podem continuar a alavancar seu crescimento econômico e sua influência geopolítica para moldar o futuro do mundo.

17. Direitos humanos • Análise da situação dos direitos humanos nos países do BRICS:

1. **Brasil:** No contexto do Brasil, a situação dos direitos humanos tem sido influenciada por desafios como a violência urbana, especialmente nas favelas. As forças de segurança têm sido frequentemente criticadas pelo uso excessivo da força. A discriminação racial e a violência contra minorias, incluindo povos indígenas, continuam sendo preocupações persistentes. No entanto, o

país fez progressos no fortalecimento dos direitos das mulheres e no combate à impunidade por crimes contra os direitos humanos.

2. **Rússia:** Na Rússia, organizações de direitos humanos geralmente relatam restrições à liberdade de imprensa e expressão. As leis relativas à propaganda homossexual levantaram preocupações sobre os direitos LGBTQ+. A situação das minorias étnicas, como os chechenos, tem sido objeto de debate internacional.

3. **Índia:** A Índia é um país diversificado com desafios complexos relacionados aos direitos humanos. A discriminação baseada em castas persiste e as tensões religiosas têm sido uma preocupação crescente. No entanto, o país fez progressos significativos na promoção da educação e no combate à pobreza extrema.

4. **China:** A China atraiu a atenção internacional por sua situação de direitos humanos. A repressão dos protestos no Tibete e o tratamento dos direitos de minorias étnicas como os uigures levantaram preocupações globais. A censura on-line e o controle da mídia são questões bem conhecidas, e dissidentes políticos podem enfrentar perseguição.

5. **África do Sul:** A África do Sul tem uma história de lutas pelos direitos humanos, emergindo do apartheid. O país progrediu na promoção dos direitos das minorias, mas ainda enfrenta desafios relacionados à desigualdade econômica e ao crime.

É importante observar que a situação dos direitos humanos é complexa e multifacetada em cada um desses países do BRICS. Cada nação progrediu em algumas áreas, mas enfrenta desafios em outras. Além disso, a percepção dos direitos humanos pode variar dependendo das perspectivas culturais e políticas.

Os BRICS geralmente buscam equilibrar a promoção dos direitos humanos com a soberania nacional. Isso pode levar a posições diferentes em fóruns internacionais. No entanto, a promoção dos direitos humanos continua sendo um tópico importante nas discussões globais, e a situação dos direitos humanos nos países do BRICS continua sendo um assunto de atenção e debate internacionais.

6. **Brasil:** No contexto do Brasil, a situação dos direitos humanos tem sido influenciada por desafios como a violência urbana, especialmente nas favelas. As forças de segurança têm sido frequentemente criticadas pelo uso excessivo da força. A discriminação racial e a violência contra

minorias, incluindo povos indígenas, são preocupações persistentes. No entanto, o país fez progressos no fortalecimento dos direitos das mulheres e no combate à impunidade por crimes contra os direitos humanos.

7. **Rússia:** Na Rússia, organizações de direitos humanos geralmente relatam restrições à liberdade de imprensa e expressão. As leis relativas à propaganda homossexual levantaram preocupações sobre os direitos LGBTQ+. A situação das minorias étnicas, como os chechenos, tem sido objeto de debate internacional.

8. **Índia:** A Índia é um país diversificado com desafios complexos relacionados aos direitos humanos. A discriminação baseada em castas persiste e as tensões religiosas têm sido uma preocupação crescente. No entanto, o país fez progressos significativos na promoção da educação e no combate à pobreza extrema.

9. **China:** A China atraiu a atenção internacional por sua situação de direitos humanos. A repressão dos protestos no Tibete e o tratamento dos direitos de minorias étnicas como os uigures levantaram preocupações globais. A censura on-line e o controle da mídia são questões bem

conhecidas, e dissidentes políticos podem enfrentar perseguição.

10.   **África do Sul:** A África do Sul tem uma história de lutas pelos direitos humanos, tendo emergido do apartheid. No entanto, o país ainda enfrenta desafios relacionados à desigualdade econômica e ao crime. O governo sul-africano tem trabalhado para promover os direitos das minorias e abordar questões de gênero.

Cada país do BRICS tem uma situação única de direitos humanos, com um conjunto de desafios e progressos. A percepção dos direitos humanos pode variar muito dentro e fora desses países. Além disso, é importante enfatizar que a situação dos direitos humanos está em constante evolução, com desenvolvimentos recentes tendo um impacto significativo na percepção global.

Os BRICS muitas vezes enfrentam desafios ao equilibrar a promoção dos direitos humanos com suas necessidades de soberania nacional. No entanto, o tema dos direitos humanos continua sendo uma parte importante das discussões globais e continua sendo um assunto de atenção e debate internacionais.

11. **Brasil:** No contexto brasileiro, as violações dos direitos humanos são frequentemente associadas à violência nas favelas, onde as operações policiais podem levar a abusos dos direitos humanos. A discriminação contra minorias,

incluindo povos indígenas e a população negra, é um problema persistente. Ao longo dos anos, o Brasil também enfrentou desafios relacionados à segurança das mulheres e à violência doméstica, mas avançou na implementação de leis para proteger as vítimas.

12.**Rússia:** Na Rússia, organizações de direitos humanos frequentemente relatam limitações à liberdade de expressão e à repressão de vozes dissidentes. A situação das minorias, incluindo indivíduos LGBTQ+, está sujeita a restrições legais e sociais. Os protestos políticos podem ser suprimidos e os ativistas podem enfrentar intimidação e prisões.

13.**Índia:** A Índia é uma nação diversificada com uma rica diversidade cultural, mas também uma história de discriminação de castas e tensões religiosas. A violência contra as mulheres tem sido uma preocupação significativa, com incidentes de estupro e violência doméstica provocando indignação pública. O país está trabalhando em reformas legais e sociais para enfrentar esses desafios.

14.**China:** A China tem atraído cada vez mais atenção internacional por lidar com os direitos humanos. A repressão de protestos no Tibete e as preocupações com os direitos de minorias étnicas

como os uigures foram amplamente divulgadas.
A censura online e na mídia é predominante, e os
dissidentes políticos podem enfrentar
consequências graves.

15.**África do Sul:** A África do Sul tem uma história
de lutas pelos direitos humanos, com o fim do
apartheid como um ponto de inflexão. No
entanto, o país ainda enfrenta desafios
relacionados à desigualdade econômica e ao
crime. As questões fundiárias e a reforma agrária
têm sido uma fonte de tensão à medida que o
governo sul-africano busca combater a pobreza
extrema.

Cada país do BRICS tem uma situação única de direitos
humanos, com desafios e progressos específicos. A
percepção dos direitos humanos pode variar muito, e
os debates internos e internacionais continuam a
desempenhar um papel significativo. A situação dos
direitos humanos está em constante mudança, com
desenvolvimentos recentes potencialmente tendo um
impacto significativo na percepção global e nas
políticas nacionais.

16.**Brasil:** No contexto brasileiro, a situação dos
direitos humanos também foi influenciada por
uma série de questões ambientais. O
desmatamento da Amazônia e a destruição de
habitats naturais levantaram preocupações

globais, pois ameaçam a vida das populações indígenas e contribuem para a mudança climática. A gestão dos recursos naturais e a proteção dos direitos das comunidades indígenas se tornaram questões centrais no discurso dos direitos humanos no Brasil.

17. **Rússia:** A Rússia testemunhou a consolidação do poder centralizado e a restrição da liberdade de imprensa e expressão nos últimos anos. Organizações de direitos humanos documentaram casos de prisões arbitrárias de opositores políticos e ativistas. Além disso, a situação das minorias sexuais, como indivíduos LGBTQ+, tem sido desafiadora, com leis contra a "propaganda homossexual" limitando a liberdade de expressão e o acesso a serviços de apoio.

18. **Índia:** A Índia fez progressos significativos na educação e na redução da pobreza, mas continua enfrentando desafios na promoção dos direitos das mulheres e na prevenção da violência de gênero. Além disso, as tensões religiosas e a violência intercomunitária têm sido uma preocupação crescente nos últimos anos. A discriminação baseada em castas persiste, embora o governo tenha promulgado leis para promover a igualdade.

19.**China:** A China tem atraído cada vez mais atenção internacional por lidar com os direitos humanos, com preocupações com a repressão de vozes críticas e a situação das minorias étnicas. A vigilância em massa, incluindo monitoramento de comunicações on-line e reconhecimento facial, tornou-se um problema significativo relacionado à privacidade e à liberdade pessoal. A situação das minorias étnicas, particularmente dos uigures, chamou a atenção internacional, com alegações de detenções em massa e violações dos direitos humanos.

20.   **África do Sul:** A África do Sul continua enfrentando problemas de desigualdade econômica e social herdados da era do apartheid. Embora o país tenha progredido na melhoria da igualdade e da justiça social, ainda há muito trabalho a ser feito. A reforma agrária e agrária tem sido temas de debate e tensão. No entanto, a África do Sul continua sendo um exemplo de transição pacífica da segregação racial para uma democracia multirracial.

Em cada um desses países do BRICS, a situação dos direitos humanos é influenciada por um conjunto único de fatores. Os desafios e o progresso variam muito, e a percepção dos direitos humanos pode ser subjetiva e influenciada por variáveis culturais e políticas. A promoção e a proteção dos direitos humanos continuam sendo tópicos importantes do debate internacional, com muitas organizações e governos trabalhando para enfrentar os desafios contínuos e buscar soluções para melhorar a situação dos direitos humanos em todo o mundo.

21. **Brasil:** No contexto brasileiro, a situação dos direitos humanos também foi influenciada pela violência policial, especialmente nas favelas das grandes cidades. Inúmeros casos de abuso e homicídios cometidos pelas forças policiais levantaram questões sobre a falta de responsabilidade e transparência nas investigações. Além disso, ameaças e ataques contra defensores de direitos humanos são preocupantes e representam desafios à liberdade de expressão e associação.

22. **Rússia:** Nos últimos anos, a Rússia viu um aumento nas restrições à liberdade de imprensa e expressão. As leis que limitam as atividades de organizações não governamentais (ONGs) estrangeiras dificultaram o trabalho de ativistas de direitos humanos. A situação das minorias sexuais, incluindo indivíduos LGBTQ+, tornou-se mais difícil devido às leis de propaganda anti-homossexual e à discriminação social.

23. **Índia:** A Índia é um país caracterizado por uma diversidade cultural extraordinária, mas

enfrenta desafios de direitos humanos, incluindo discriminação de castas e tensões religiosas. A crescente polarização política levou a um ambiente em que as vozes críticas são frequentemente suprimidas ou ameaçadas. No entanto, o país avançou na promoção da educação e do acesso à saúde.

24.   **China:** A China atraiu a atenção internacional por lidar com os direitos humanos, particularmente pela situação de minorias étnicas como os uigures na região de Xinjiang. Houve alegações de detenções em massa, trabalho forçado e outras violações dos direitos humanos. A censura on-line é generalizada e as restrições à liberdade de expressão são notáveis. No entanto, a China também é um ator importante na redução da pobreza e alcançou um progresso econômico significativo.

25.   **África do Sul:** A África do Sul tem sido um exemplo de transição pacífica de um sistema de segregação racial para uma democracia multirracial. No entanto, o país ainda enfrenta desafios relacionados à desigualdade econômica e social, com uma distribuição desigual de recursos e oportunidades. A questão da reforma agrária e agrária tem sido uma fonte de tensão à medida que o governo busca abordar questões de justiça social e desenvolvimento econômico.

A situação dos direitos humanos é complexa em cada um desses países do BRICS e é influenciada por uma série de fatores. Os desafios e o progresso variam significativamente, e a percepção dos direitos humanos pode variar dependendo das perspectivas culturais e políticas. A promoção e a proteção dos direitos humanos continuam sendo uma prioridade global, com muitas organizações e governos trabalhando para enfrentar esses desafios e se esforçando por maior justiça e igualdade em todo o mundo.

Em conclusão, a situação dos direitos humanos nos países do BRICS é complexa e variada, com cada país enfrentando desafios e oportunidades únicos. Como esses países emergentes continuam a desempenhar um papel cada vez mais significativo no cenário global, é crucial monitorar de perto a situação dos direitos humanos em cada país e abordar questões críticas de forma eficaz. Transparência, responsabilidade e diálogo aberto são ferramentas fundamentais para abordar questões de direitos humanos e trabalhar em busca de soluções sustentáveis. Embora os países do BRICS continuem a ter um impacto significativo na política e na economia globais, a questão dos direitos humanos continua sendo uma parte crucial do debate global sobre justiça e igualdade.

18. Futuro dos BRICS: perspectivas e desafios futuros para os BRICS na Nova Ordem Mundial.

Os BRICS, compostos por Brasil, Rússia, Índia, China e África do Sul, emergiram como uma força significativa no contexto da nova ordem mundial. No entanto, eles enfrentam uma série de perspectivas e desafios em sua trajetória futura:

Perspectivas futuras:

1. **Poder econômico:** os países do BRICS continuam crescendo economicamente e exercendo maior influência em organizações internacionais como o G20. A China, em particular, tornou-se uma potência econômica dominante.

2. **Cooperação:** os BRICS têm o potencial de fortalecer a cooperação econômica e política entre si, o que poderia levar a uma maior estabilidade global.

3. **Reforma das instituições globais:** Esses países buscaram a reforma das instituições financeiras internacionais, como o Fundo Monetário Internacional (FMI), para refletir

melhor as mudanças no equilíbrio global de
poder.

4. **Inovação e tecnologia:** Alguns membros do
   BRICS, como a China e a Índia, estão na
   vanguarda do desenvolvimento tecnológico e da
   inovação e podem contribuir para moldar a
   evolução tecnológica global.

5. **Integração econômica:** Há oportunidades
   para uma maior integração econômica entre
   esses países, como o comércio intra-BRICS e a
   colaboração em setores-chave, como energia e
   infraestrutura.

Desafios futuros:

1. **Diferenças políticas:** Os BRICS têm
   divergências políticas e objetivos nacionais que
   podem tornar a cooperação em questões globais
   desafiadora. Por exemplo, a China e a Índia
   tiveram tensões territoriais e rivalidades
   geopolíticas.

2. **Desenvolvimento sustentável:** abordar
   questões ambientais e promover o
   desenvolvimento sustentável é um desafio
   significativo, especialmente considerando o
   enorme impacto ambiental de algumas
   economias do BRICS.

3. **Direitos humanos:** A situação dos direitos humanos em alguns países do BRICS tem sido motivo de preocupação internacional e pode representar um obstáculo à sua reputação global.

4. **Instabilidade econômica:** as economias do BRICS são suscetíveis à instabilidade econômica, como crises financeiras ou flutuações nos preços das commodities, o que pode prejudicar seu crescimento.

5. **Competição global:** os BRICS devem navegar em um mundo caracterizado por crescentes rivalidades geopolíticas, incluindo a competição entre os Estados Unidos e a China.

O futuro dos BRICS dependerá de sua capacidade de superar esses desafios e capitalizar as oportunidades emergentes. A cooperação entre esses países em questões globais, juntamente com o aprofundamento da integração econômica e a colaboração em setores-chave, poderia moldar significativamente a nova ordem mundial. No entanto, abordar as diferenças políticas e trabalhar juntos para enfrentar os desafios globais característicos do século 21 será crucial.

Certamente, vamos explorar ainda mais as perspectivas e os desafios futuros dos BRICS na nova ordem mundial:

Perspectivas futuras adicionais:

6. **Papel nas organizações internacionais:** os
   BRICS buscam desempenhar um papel mais
   influente em organizações como o G20, o FMI e o
   Banco Mundial. Eles podem trabalhar juntos
   para reformar essas instituições para refletir
   melhor a realidade econômica e política atual.

7. **Investimentos em infraestrutura:** A
   infraestrutura é um elemento-chave do
   desenvolvimento econômico. Os BRICS podem
   colaborar para promover projetos conjuntos de
   infraestrutura, melhorando a conectividade entre
   eles e contribuindo para a integração regional.

8. **Cooperação científica e tecnológica:** A
   pesquisa e o desenvolvimento tecnológico são
   essenciais para a inovação econômica. O BRICS
   pode colaborar na pesquisa científica, no
   desenvolvimento de tecnologias avançadas e na
   abordagem de desafios globais, como saúde
   pública e mudanças climáticas.

9. **Promoção do comércio e do investimento:**
   os BRICS podem trabalhar para simplificar os
   procedimentos comerciais e promover
   investimentos entre si, melhorando o fluxo de
   bens e serviços e contribuindo para o
   crescimento econômico.

Desafios futuros adicionais:

6. **Tensões geopolíticas: As tensões** geopolíticas entre alguns membros do BRICS, como China e Índia, podem impedir a cooperação. A resolução pacífica de conflitos e o diálogo serão essenciais para evitar uma escalada prejudicial.

7. **Cibersegurança e defesa:** Com a crescente importância da tecnologia e da cibersegurança, os BRICS devem enfrentar os desafios da cibersegurança e da defesa, protegendo a infraestrutura crítica e as informações confidenciais.

8. **Sustentabilidade ambiental:** O impacto ambiental das economias do BRICS é significativo. Eles devem colaborar para lidar com as mudanças climáticas, promover energia limpa e proteger recursos vitais como a água.

9. **Direitos humanos e liberdades:** A situação dos direitos humanos em alguns países do BRICS continua sendo uma preocupação. Para obter uma melhor reputação global, eles devem abordar as questões de direitos humanos de forma transparente e responsável.

10. **Vulnerabilidade econômica:** as economias do BRICS podem ser vulneráveis a choques econômicos globais. Eles devem tomar medidas para reduzir sua dependência de

commodities e promover a diversificação
econômica sustentável.

O futuro dos BRICS será definido por sua capacidade
de enfrentar esses desafios de forma colaborativa e
aproveitar oportunidades emergentes. Sua influência
no cenário internacional continua a crescer, e sua
capacidade de cooperar em questões globais cruciais
será fundamental para moldar o futuro da nova ordem
mundial.

Perspectivas futuras:

10.	Lidando com a **desigualdade:** os BRICS
têm economias em crescimento, mas também
enfrentam desigualdades internas significativas.
Para garantir um crescimento sustentável e
inclusivo, eles precisarão adotar políticas para
reduzir a desigualdade econômica e social,
garantindo que os benefícios do crescimento
sejam amplamente distribuídos.

11.	**Saúde pública:** A pandemia da COVID-19
destacou a importância da saúde pública e da
cooperação internacional em saúde. O BRICS
pode colaborar para fortalecer sua infraestrutura
de saúde e promover pesquisas médicas
conjuntas para enfrentar futuros desafios
relacionados à pandemia.

12. **Educação e mão de obra qualificada:**
Investir em educação e desenvolver uma força de
trabalho altamente qualificada é crucial para a
competitividade econômica de longo prazo. O
BRICS pode desenvolver programas educacionais
conjuntos e intercâmbios acadêmicos para
promover a formação de recursos humanos
qualificados.

13. **Promovendo a paz e a segurança:** A
estabilidade geopolítica é essencial para o
crescimento econômico e o desenvolvimento. Os
BRICS podem trabalhar juntos para lidar com as
tensões regionais e promover a paz por meio do
diálogo e da diplomacia.

14. **Diversificação econômica:** Reduzir a
dependência de commodities e promover setores
econômicos diversificados tornará as economias
do BRICS menos vulneráveis às flutuações nos
preços das commodities e às crises financeiras
globais.

Desafios futuros:

11. **Rivalidades geopolíticas: As** tensões
geopolíticas entre os BRICS, como as disputas
territoriais entre a China e a Índia, podem
corroer a coesão do grupo. Gerenciar essas
rivalidades de forma pacífica será essencial para
o futuro do bloco.

12.**Meio Ambiente e Mudanças Climáticas:** As economias do BRICS estão entre os maiores emissores de gases de efeito estufa do mundo. Lidar com as mudanças climáticas exige compromissos concretos com a redução de emissões e a adoção de fontes de energia renováveis.

13.**Cibersegurança:** na era digital, a cibersegurança é uma preocupação crescente. Os BRICS precisarão desenvolver políticas e protocolos conjuntos para lidar com as ameaças cibernéticas.

14.**Direitos humanos:** Melhorar a situação dos direitos humanos continua sendo um desafio crítico para alguns países do BRICS, com preocupações relacionadas à liberdade de imprensa, independência judicial e liberdade de expressão.

15.**Instabilidade econômica global:** os BRICS precisarão lidar com as consequências da instabilidade econômica global, como as flutuações dos preços das commodities e a volatilidade do mercado financeiro.

O futuro dos BRICS apresenta um campo de desafios e oportunidades. A forma como esses países enfrentam esses desafios e trabalham juntos para aproveitar as oportunidades emergentes determinará seu papel na formação da nova ordem mundial e no bem-estar de suas populações. A cooperação entre os BRICS continua sendo crucial para abordar questões globais complexas e contribuir para uma maior estabilidade e prosperidade globais.

Perspectivas futuras adicionais:

16. **Diplomacia econômica:** O BRICS pode intensificar os esforços na diplomacia econômica negociando acordos comerciais bilaterais e multilaterais que promovam o comércio e o investimento. A diversificação das relações comerciais aumentará a resiliência econômica.

17. **Energia renovável:** A adoção de fontes de energia renováveis é essencial para lidar com as mudanças climáticas. Os BRICS, com seus vastos recursos energéticos, podem colaborar no desenvolvimento e disseminação de tecnologias de energia limpa.

18. **Conectividade de infraestrutura:** Melhorar a conectividade de infraestrutura entre os países do BRICS facilitaria o comércio e os intercâmbios, bem como a cooperação econômica. Projetos como a Iniciativa do Cinturão e Rota (BRI) da China oferecem oportunidades compartilhadas de desenvolvimento de infraestrutura.

19. **Participação ativa:** O BRICS pode desempenhar um papel mais ativo na resolução de crises regionais e globais, promovendo a diplomacia e buscando soluções pacíficas para conflitos e tensões.

20. **Colaboração científica e tecnológica:** A pesquisa conjunta e o desenvolvimento tecnológico são cruciais para a inovação e a competitividade global. O BRICS pode estabelecer programas conjuntos para promover a ciência e a tecnologia.

Desafios futuros adicionais:

16. **Tensões comerciais globais:** os BRICS foram afetados pelas tensões comerciais globais, como as entre os Estados Unidos e a China. Eles devem buscar formas de mitigar os impactos negativos nas economias e nos mercados.

17. **Fragilidade econômica:** Algumas economias do BRICS são vulneráveis a choques econômicos. Melhorar a estabilidade financeira e reduzir a dívida excessiva são essenciais para mitigar esses riscos.

18. **Enfrentando o protecionismo:** O crescente protecionismo em muitas partes do mundo representa um desafio para os BRICS, que dependem do comércio internacional. Eles

devem apoiar um sistema de comércio multilateral baseado em regras.

19. **Reforma das instituições globais: A reforma** das instituições internacionais continua sendo um desafio, com obstáculos políticos a serem superados para alcançar uma representação adequada em fóruns globais.

20. **Desafios tecnológicos:** O BRICS precisará enfrentar desafios tecnológicos emergentes, como segurança cibernética, proteção de dados e governança de inteligência artificial.

O futuro dos BRICS é dinâmico e incerto, mas essas nações demonstraram sua resiliência e comprometimento em influenciar o contexto global. Ao continuarem trabalhando juntos em questões econômicas, políticas e ambientais, os BRICS podem desempenhar um papel significativo na formação da futura ordem mundial. A cooperação e o diálogo multilaterais continuam sendo cruciais para enfrentar desafios comuns e capitalizar as oportunidades emergentes.

Perspectivas futuras:

21. Colaboração espacial: O BRICS pode expandir sua cooperação na exploração espacial, incluindo o compartilhamento de tecnologias de satélite e a realização de missões espaciais conjuntas para fins científicos e de observação da Terra.

22. Fortalecimento dos laços culturais: Promover o intercâmbio cultural entre os países do BRICS pode contribuir para uma melhor compreensão mútua e promover a tolerância. Isso pode ser alcançado por meio de programas de intercâmbio estudantil, festivais culturais e colaborações artísticas.

23. Promovendo a inovação social: O BRICS pode colaborar para enfrentar os desafios sociais por meio da inovação social, promovendo projetos que melhorem o acesso à saúde, educação e bem-estar para comunidades desfavorecidas.

24. Participação das mulheres: Empoderar as mulheres e promover a participação feminina na política e na economia podem ser metas compartilhadas entre os membros do BRICS, com políticas para lidar com as desigualdades de gênero.

Desafios futuros:

21. Instabilidade política: A instabilidade política em alguns membros do BRICS pode impedir sua coesão. Manter um diálogo aberto e buscar soluções diplomáticas para as tensões políticas internas e externas é essencial.

22. Acesso aos recursos: os BRICS compartilham a competição por recursos naturais em um mundo em crescimento. A gestão sustentável de recursos será um desafio crucial.

23. Conformidade com os direitos humanos: as preocupações com os direitos humanos persistem em alguns países do BRICS. Abordar essas questões de forma transparente é fundamental para a legitimidade e credibilidade do grupo.

24. Conflitos regionais: os BRICS estão envolvidos em várias situações de conflito regional. A resolução pacífica de conflitos e o apoio a soluções diplomáticas continuam sendo um desafio.

25. Adaptação à mudança global: os BRICS precisarão se adaptar a um mundo em rápida mudança, onde o equilíbrio de poder pode mudar rapidamente. Flexibilidade e adaptabilidade serão cruciais.

O futuro dos BRICS é um caminho dinâmico, e sua capacidade de colaborar e enfrentar desafios complexos será crucial para seu sucesso. A diversidade dos membros do BRICS também oferece uma oportunidade única de abordar uma ampla gama de questões globais. Sua influência continua a crescer e, como grupo, eles podem desempenhar um papel significativo na formação da nova ordem mundial, promovendo estabilidade, prosperidade e cooperação global.

Em conclusão, os BRICS (Brasil, Rússia, Índia, China e África do Sul) representam uma coalizão de nações emergentes que ganharam influência significativa no cenário global. No contexto da evolução da nova ordem mundial, os BRICS enfrentam uma série de perspectivas e desafios que moldam seu futuro.

As perspectivas futuras do BRICS incluem a possibilidade de:

1. **Promovendo a cooperação multilateral:** O BRICS pode desempenhar um papel fundamental na promoção da cooperação multilateral e no fortalecimento das instituições globais para enfrentar desafios como mudanças climáticas, cibersegurança e saúde pública.

2. **Crescimento econômico sustentável:** Com um compromisso com políticas econômicas prudentes e inovação, os BRICS podem manter um crescimento econômico robusto e contribuir para a estabilidade econômica global.

3. **Inovação tecnológica:** A colaboração entre os membros do BRICS pode promover a inovação tecnológica e promover setores de alto

crescimento, como inteligência artificial e biotecnologia.

4. **Diplomacia ativa:** O BRICS pode continuar a desempenhar um papel ativo na diplomacia global, buscando soluções pacíficas para conflitos regionais e globais.

No entanto, também existem desafios significativos que os BRICS devem enfrentar, incluindo:

1. **Tensões geopolíticas: As tensões** entre alguns membros do BRICS, como China e Índia, podem minar a coesão do grupo e exigir gestão diplomática.

2. **Mudança climática:** os BRICS estão entre os maiores emissores de gases de efeito estufa e devem responder às pressões para reduzir as emissões e adotar fontes de energia limpas.

3. **Direitos humanos:** as preocupações com os direitos humanos em alguns países do BRICS exigem atenção, com a necessidade de melhorar as condições de direitos humanos para garantir a legitimidade do grupo.

4. **Instabilidade econômica global:** os BRICS devem estar preparados para lidar com a instabilidade econômica global, incluindo

flutuações nos preços das commodities e crises financeiras.

5. **Desafios tecnológicos:** A segurança cibernética e a governança de tecnologias emergentes apresentam desafios crescentes que exigem ações coordenadas.

Em última análise, o futuro do BRICS é um campo de possibilidades e desafios. A forma como esses países enfrentam esses desafios e trabalham juntos para aproveitar as oportunidades será crucial para seu papel na formação da nova ordem mundial. A cooperação e o diálogo multilaterais continuam sendo essenciais para abordar questões globais complexas e contribuir para uma maior estabilidade e prosperidade globais.

19. Estudos de caso: análise de casos específicos relacionados aos BRICS

Certamente, vamos examinar alguns estudos de caso específicos relacionados aos BRICS para obter uma compreensão mais profunda de como essas nações agem e interagem no contexto global:

Estudo de caso 1: O Banco BRICS (Novo Banco de Desenvolvimento - NDB) O Banco BRICS, com sede em Xangai, foi estabelecido para financiar projetos de desenvolvimento sustentável e de infraestrutura nos países membros do BRICS e em outras economias emergentes. Ele serve como um exemplo de cooperação econômica dentro do BRICS.

- **Objetivos:** O NDB visa promover o desenvolvimento sustentável financiando projetos de infraestrutura, ambientais e sociais nos países membros do BRICS e além.

- **Sucessos:** O NDB financiou projetos significativos, como construção de estradas na Índia, projetos de energia na China e gerenciamento de água na África do Sul. Também desempenhou um papel significativo durante a pandemia da COVID-19, fornecendo financiamento para enfrentar a crise econômica e de saúde.

- **Desafios:** O NDB enfrenta desafios como arrecadação de fundos, gestão de recursos e coordenação entre países membros com diversas prioridades de desenvolvimento.

Estudo de caso 2: Iniciativa do Cinturão e Rota (BRI) da China O BRI é um ambicioso programa de infraestrutura e desenvolvimento econômico promovido pela China, envolvendo muitos países, incluindo alguns membros do BRICS.

- **Objetivos:** O BRI visa criar uma rede de vínculos comerciais e infraestrutura conectando a China à Europa, África e Ásia. Este projeto foi visto como uma oportunidade para a China expandir sua influência econômica e política.

- **Impacto no BRICS:** Muitos países do BRICS, incluindo a Rússia e a Índia, estão envolvidos no BRI. Isso levou ao aumento do comércio e dos investimentos regionais, mas também levantou preocupações sobre soberania e dependência econômica.

- **Desafios:** O BRI enfrentou críticas em relação à transparência, sustentabilidade ambiental e governança. Equilibrar os benefícios econômicos com as questões de segurança é um desafio contínuo.

Estudo de caso 3: Cooperação nos setores de energia e agricultura Os países do BRICS também colaboram em setores-chave, como energia e agricultura.

- **Energia:** A cooperação energética entre os BRICS inclui o compartilhamento de tecnologia e a criação de plataformas de cooperação. Por exemplo, a China e a Rússia firmaram acordos de energia, enquanto o Brasil colaborou com a Índia no desenvolvimento de biocombustíveis.

- **Agricultura:** os BRICS trabalham juntos para enfrentar os desafios globais de alimentos. O

Brasil, por exemplo, é um grande exportador agrícola e a Índia tem um setor agrícola em crescimento. A cooperação neste setor pode contribuir para a segurança alimentar global.

Esses estudos de caso destacam a variedade de setores nos quais os BRICS colaboram e os desafios e oportunidades associados. A cooperação entre os BRICS é complexa e está evoluindo, mas continua sendo um componente importante do cenário geopolítico e econômico global.

Estudo de caso 4: Cooperação em Ciência e Pesquisa Os BRICS também colaboram nos campos da ciência e tecnologia para promover a inovação e o desenvolvimento. Essa cooperação contribui para o avanço do conhecimento e a aceleração do desenvolvimento tecnológico.

- **Intercâmbio acadêmico:** os BRICS promovem o intercâmbio de estudantes, pesquisadores e acadêmicos entre seus países membros. Isso promove a diversidade cultural e contribui para a expansão do conhecimento.

- **Pesquisa conjunta:** os países do BRICS colaboram em projetos conjuntos de pesquisa sobre questões científicas e tecnológicas de interesse comum. Isso pode variar de energia renovável à medicina, inteligência artificial à astronomia.

- **Investimento em Pesquisa e
Desenvolvimento:** Alguns países do BRICS
investem em infraestrutura de pesquisa e
desenvolvimento, promovendo inovação
tecnológica e competitividade global.

Estudo de caso 5: Cooperação militar Os BRICS
mantêm relações militares e conduzem exercícios
conjuntos. Embora a cooperação militar não seja um
objetivo primário dos BRICS, ela representa um
aspecto de sua colaboração.

- **Exercícios conjuntos:** O BRICS realizou
exercícios militares conjuntos, como exercícios
antiterrorismo como a "Missão de Paz" e
exercícios navais. Esses exercícios promovem a
cooperação entre as forças armadas dos países
membros.

- **Compartilhamento de técnicas militares:**
Os países do BRICS podem compartilhar
experiências e técnicas militares para aprimorar
suas capacidades de defesa e participar das
operações de manutenção da paz das Nações
Unidas.

- **Desafios comuns de segurança:** O BRICS
pode colaborar para enfrentar desafios comuns
de segurança, como terrorismo internacional e
pirataria marítima.

Estudo de caso 6: Diplomacia monetária Os BRICS também exploraram oportunidades de colaboração no setor financeiro e monetário.

- **Resolução de conflitos cambiais:** Durante a crise financeira global de 2008, os BRICS procuraram coordenar políticas monetárias para mitigar os efeitos da crise em seus países.

- **Banco BRICS:** Como mencionado anteriormente, a criação do Banco BRICS visa fornecer financiamento para projetos de infraestrutura nos países membros. Isso representa um esforço significativo de cooperação financeira.

- **Reforma do FMI:** os BRICS têm apoiado a reforma das instituições financeiras internacionais, como o Fundo Monetário Internacional, para melhor refletir as realidades econômicas e políticas atuais.

Esses estudos de caso demonstram a diversidade de áreas nas quais os BRICS buscam colaborar, desde o campo científico e tecnológico até os setores militar e financeiro. Sua cooperação é motivada pela busca de soluções comuns para os desafios globais e pelo objetivo de promover a estabilidade e o crescimento econômico em seus países membros e além.

Estudo de caso 7: Cooperação no setor de energia renovável

Os BRICS reconhecem a importância da energia renovável na transição para um futuro mais sustentável. Alguns membros do BRICS estão entre os principais produtores e consumidores de energia do mundo, e a cooperação nesse setor pode ter um impacto significativo:

- **Energia solar:** Índia e China, em particular, estão fazendo grandes investimentos em tecnologias solares. A colaboração entre esses países pode contribuir para o desenvolvimento e a adoção generalizada de soluções solares acessíveis e eficientes.

- **Energia eólica:** Alguns países do BRICS, como o Brasil e a África do Sul, têm aproveitado os recursos eólicos para a produção de energia. Compartilhar as melhores práticas e tecnologias pode estimular ainda mais a adoção da energia eólica.

- **Tecnologias verdes:** a pesquisa e o desenvolvimento conjuntos de tecnologias verdes, como baterias de alta capacidade ou sistemas de armazenamento de energia, podem ajudar a mitigar as mudanças climáticas e promover a independência energética.

Estudo de caso 8: Cooperação cultural e acadêmica Os BRICS são caracterizados por diversas culturas e tradições. A cooperação cultural e acadêmica é essencial para promover a compreensão mútua e o diálogo intercultural:

- **Intercâmbios culturais:** os BRICS organizam festivais culturais, exposições de arte e eventos culinários para compartilhar sua diversidade cultural. Esses eventos aumentam a conscientização e promovem o interesse mútuo.

- **Colaboração acadêmica:** Universidades nos países do BRICS promovem intercâmbios acadêmicos e colaborações de pesquisa. Isso promove o desenvolvimento de novos conhecimentos e tecnologias.

- **Promoção de idiomas:** Promover os idiomas dos países do BRICS, como português, russo e hindi, pode facilitar a comunicação e o comércio entre os membros.

Estudo de caso 9: Cooperação espacial A exploração espacial é um setor no qual alguns membros do BRICS demonstraram experiência. A cooperação espacial pode levar a benefícios compartilhados:

- **Satélites compartilhados:** a Índia lançou satélites para outros países do BRICS, mostrando suas proezas tecnológicas no espaço. Essa colaboração pode melhorar a cobertura e a conectividade via satélite nas regiões envolvidas.

- **Pesquisa espacial:** A cooperação na pesquisa espacial pode incluir missões conjuntas para explorar a Lua ou Marte e o compartilhamento de dados científicos.

- **Aplicações terrestres:** as tecnologias desenvolvidas para exploração espacial podem ter aplicações terrestres, como previsão do tempo, gerenciamento de recursos naturais e comunicação.

Esses estudos de caso ilustram ainda mais como os BRICS buscam colaborar em vários setores para promover o crescimento econômico sustentável, a inovação tecnológica e a cooperação internacional. A diversidade de habilidades e recursos entre os membros do BRICS oferece muitas oportunidades para o desenvolvimento compartilhado e o alcance de objetivos comuns.

Conclusão Na conclusão, consideramos o papel dos BRICS na nova ordem mundial e alguns possíveis cenários futuros:

Os BRICS, compostos por Brasil, Rússia, Índia, China e África do Sul, representam um grupo de nações emergentes com significativo potencial econômico e político. Sua cooperação visa desafiar a hegemonia ocidental e contribuir para moldar uma nova ordem mundial mais justa e multipolar.

O papel dos BRICS na economia global é notável. A China se tornou a segunda maior economia do mundo e a Índia está crescendo constantemente. Esses países contribuem significativamente para o crescimento econômico global e estão promovendo acordos comerciais regionais e iniciativas de desenvolvimento de infraestrutura que podem ter um impacto de longo prazo.

Os BRICS também estão buscando influenciar instituições financeiras internacionais, como o Fundo Monetário Internacional (FMI) e o Banco Mundial, para melhor refletir as realidades econômicas atuais e reduzir a dependência das instituições ocidentais.

Na arena política, os BRICS enfrentam desafios e oportunidades. Existem diferenças entre os membros em questões políticas e estratégicas, mas também uma vontade comum de promover a estabilidade e a paz globais.

No entanto, o futuro dos BRICS não está isento de obstáculos. Tensões entre os membros, diferenças culturais e desafios internos podem limitar sua capacidade de cooperar de forma eficaz. Além disso, o contexto geopolítico em evolução, com crescentes rivalidades entre potências globais, pode testar a coesão dos BRICS.

Os possíveis cenários futuros incluem:

1. **Fortalecimento da cooperação:** O BRICS poderia fortalecer sua cooperação econômica, política e estratégica, expandindo seu impacto na nova ordem mundial e contribuindo para a estabilidade global.

2. **Desafios internos:** As tensões entre os membros podem aumentar, levando à redução da coesão dentro do grupo. Isso poderia enfraquecer sua capacidade de influenciar a nova ordem mundial.

3. **Aprofundamento das relações bilaterais:** Alguns membros do BRICS podem se concentrar mais no desenvolvimento de suas relações bilaterais com potências globais como os Estados Unidos ou a União Europeia, desviando a atenção da cooperação intragrupo.

Em conclusão, os BRICS têm o potencial de desempenhar um papel significativo na nova ordem mundial, mas os desafios internos e externos podem influenciar seu caminho futuro. Sua capacidade de enfrentar esses desafios e aproveitar as oportunidades

determinará em grande parte seu impacto nas mudanças globais nas próximas décadas.

Continuação das perspectivas futuras: 4. Integração econômica: os BRICS poderiam buscar aprofundar a integração econômica entre si, promovendo o comércio e os investimentos mútuos. A eliminação de barreiras comerciais e a padronização das normas comerciais poderiam facilitar uma maior cooperação econômica.

5. **Avanço tecnológico:** A China, em particular, está fazendo avanços significativos em tecnologia, da inteligência artificial à tecnologia 5G. Os BRICS poderiam cooperar em pesquisa e desenvolvimento tecnológico para competir globalmente nesses setores-chave.

6. **Reforma das instituições globais:** os BRICS continuam apoiando a reforma das instituições financeiras internacionais, como o FMI e o Banco Mundial. Eles poderiam intensificar os esforços para obter maior representação e influência nessas instituições.

7. **Defendendo as normas internacionais:** O BRICS pode se engajar na defesa das normas internacionais e do multilateralismo em um momento em que tais princípios estão sendo testados pelas crescentes tendências unilaterais e nacionalistas.

8. **Sustentabilidade ambiental:** Com o aumento das preocupações ambientais, os BRICS podem colaborar mais estreitamente na pesquisa e desenvolvimento de tecnologias sustentáveis e no combate às mudanças climáticas.

9. **Gestão Global de Crises:** O BRICS poderia desenvolver capacidades para gerenciar crises globais, como responder a pandemias ou desastres naturais, demonstrando solidariedade e capacidade de intervenção.

10. **Promovendo a paz e a segurança:** O BRICS pode buscar promover a paz e a segurança globais por meio do diálogo, da diplomacia preventiva e da cooperação nas operações de manutenção da paz das Nações Unidas.

Aprofundando a dinâmica do BRICS: 11. Colaboração setorial: O BRICS pode procurar colaborar em setores específicos, como energia, agricultura, educação e saúde. Essa cooperação setorial pode levar a desenvolvimentos tangíveis e benefícios tangíveis para os cidadãos dos países membros.

12. **Diplomacia multidisciplinar:** O BRICS poderia empregar abordagens de diplomacia multidisciplinar, envolvendo não apenas governos, mas também a sociedade civil, empresas e instituições acadêmicas para

promover uma compreensão e cooperação mais amplas entre os países membros.

13. **Investimentos em infraestrutura:** Um maior compromisso com o financiamento e implementação de projetos de infraestrutura de grande escala dentro e entre os países do BRICS pode levar a melhores redes de transporte, telecomunicações e acesso à energia.

14. **Intercâmbios culturais:** Promover intercâmbios culturais entre os países do BRICS poderia contribuir para uma melhor compreensão mútua e abertura cultural. Isso pode incluir festivais culturais, programas de intercâmbio estudantil e a promoção de idiomas e tradições dos países membros.

15. **Promoção de idiomas:** O BRICS pode considerar a adoção de um idioma comum ou promover o uso dos idiomas dos países membros nas relações comerciais e diplomáticas para melhorar a comunicação e a cooperação.

16. **Participação em organizações regionais:** O BRICS poderia buscar fortalecer sua presença e influência em organizações regionais, como a União Africana ou a Organização dos Estados Americanos, para ampliar seu alcance e melhorar as relações com outras regiões.

17. **Equilibrando interesses nacionais e coletivos:** Os BRICS enfrentam o desafio de equilibrar seus interesses nacionais com os interesses coletivos de grupos. Encontrar um equilíbrio entre a soberania nacional e a cooperação multilateral continuará sendo um desafio fundamental.

18. **Engajamento na resolução global de conflitos:** os BRICS poderiam desempenhar um papel mais ativo na resolução global de conflitos, atuando como mediadores ou apoiando esforços diplomáticos em áreas como Oriente Médio, África e Ásia.

19. **Compromisso com um mundo multipolar:** os BRICS apoiam a ideia de um mundo multipolar no qual nenhuma nação ou bloco de nações domine. Eles podem trabalhar para promover um sistema internacional mais justo e inclusivo.

20. **Monitoramento e avaliação:** os BRICS poderiam desenvolver mecanismos de monitoramento e avaliação para medir a eficácia de suas iniciativas e garantir que estejam alcançando seus objetivos.

Os BRICS, com sua diversidade e recursos, continuam a influenciar o cenário global. Sua capacidade de se adaptar aos desafios emergentes e capitalizar as oportunidades determinará em grande parte seu impacto na política global e na evolução da nova ordem mundial.

Aprofundando a dinâmica do BRICS: 21. Colaboração em inovação: O BRICS poderia intensificar a colaboração em inovação e pesquisa científica. Isso pode incluir o intercâmbio de conhecimento e tecnologias avançadas em áreas como medicina, tecnologia de energia renovável e inteligência artificial.

22. **Cooperação no mercado financeiro:** os BRICS podem desenvolver ainda mais seus mercados financeiros domésticos e promover a cooperação nos setores bancário e financeiro. Isso poderia envolver a abertura de filiais de instituições financeiras dos países do BRICS em seus respectivos mercados.

23. **Participação ativa em organizações regionais:** os BRICS poderiam aumentar sua participação e influência em organizações regionais como a ASEAN ou o Mercosul para promover uma maior cooperação econômica e política em suas respectivas regiões.

24. **Promoção dos Direitos Humanos:** O BRICS pode se comprometer a melhorar a situação dos direitos humanos em seus

respectivos países e a promover padrões globais mais elevados nessa área, demonstrando liderança na conformidade com os direitos humanos.

25.   **Diplomacia da saúde:** dadas as experiências com epidemias como o Ebola e a pandemia da COVID-19, o BRICS poderia desenvolver uma diplomacia de saúde mais eficaz para enfrentar os desafios globais de saúde e fortalecer os sistemas de saúde nos países membros.

26.   **Cooperação para o controle de armas:** O BRICS pode buscar promover o desarmamento nuclear e uma maior transparência na proliferação de armas, contribuindo para a estabilidade internacional.

27.   **Crescimento da economia verde:** A adoção de estratégias de crescimento econômico verde pode estar no centro das políticas econômicas do BRICS para enfrentar os desafios ambientais e promover o desenvolvimento sustentável.

28.   **Integração cultural:** Promover a integração cultural pode envolver a criação de centros culturais e intercâmbios artísticos entre os países membros, contribuindo para uma maior compreensão mútua das culturas.

29. **Aprofundamento das relações com a África:** os BRICS poderiam intensificar sua cooperação com os países africanos, fortalecendo as relações políticas, econômicas e culturais e contribuindo para o progresso da África.

30. **Colaboração em Inteligência Artificial e Cibersegurança:** Dados os crescentes desafios da cibersegurança, os BRICS poderiam cooperar para enfrentar as ameaças cibernéticas e promover o uso responsável da inteligência artificial.

Os BRICS, por meio de sua cooperação e compromisso, podem influenciar significativamente o cenário global. Sua dedicação em enfrentar desafios comuns e promover a cooperação multilateral continuará sendo crucial para determinar seu papel na nova ordem mundial.

Em conclusão, os BRICS (Brasil, Rússia, Índia, China e África do Sul) representam um grupo de nações emergentes que desempenham um papel cada vez mais relevante no contexto da nova ordem mundial. A dinâmica dentro do BRICS e seu impacto no cenário global são influenciados por um conjunto complexo de fatores.

Essas cinco nações têm uma diversidade de interesses, culturas, economias e sistemas políticos, tornando sua cooperação e alcance de objetivos comuns um processo dinâmico e desafiador. No entanto, os BRICS demonstraram a capacidade de trabalhar juntos em questões de interesse comum, como a reforma das instituições financeiras internacionais e a promoção do desenvolvimento sustentável.

Os BRICS têm um impacto significativo na política econômica global. Eles contribuíram para mudar o equilíbrio do poder econômico para as economias emergentes e estão se tornando cada vez mais influentes nas negociações comerciais internacionais. A abertura de seus mercados e a promoção de investimentos mútuos promoveram o crescimento comercial e econômico.

Na frente política, os BRICS têm procurado desempenhar um papel construtivo na resolução de conflitos globais e na promoção de uma ordem mundial mais justa. No entanto, eles devem enfrentar desafios como diferenças em suas políticas externas e questões de direitos humanos.

No campo da inovação e tecnologia, os BRICS estão se tornando importantes centros de pesquisa e desenvolvimento. Sua colaboração em áreas de alta tecnologia, como inteligência artificial e energia renovável, é crucial para o progresso global.

Os BRICS também desempenham um papel crucial na promoção do desenvolvimento sustentável e no combate às mudanças climáticas. As políticas sustentáveis adotadas pelos membros do grupo podem servir como exemplos para outras nações.

Em resumo, o futuro dos BRICS será determinado por sua capacidade de equilibrar os interesses nacionais com os coletivos, enfrentar desafios emergentes, como tecnologia e meio ambiente, e desempenhar um papel construtivo no contexto da nova ordem mundial. A cooperação dentro do BRICS continuará sendo crucial para enfrentar os desafios globais e promover um mundo multipolar e inclusivo.

Neste trabalho, exploramos em detalhes o papel dos BRICS no contexto da nova ordem mundial. Os BRICS, compostos por Brasil, Rússia, Índia, China e África do Sul, representam um grupo de nações emergentes que estão desempenhando um papel cada vez mais relevante no cenário global. Examinamos vários aspectos importantes relacionados a esse tópico, incluindo:

1. **Introdução aos BRICS:** Começamos com uma visão geral dos BRICS, definindo-os e descrevendo sua história e evolução.

2. **Economias do BRICS:** Examinamos detalhadamente as economias de cada membro e seu impacto global, destacando desafios e oportunidades.

3. **Política do BRICS:** Examinamos as políticas internas e externas dos países do BRICS, incluindo a dinâmica em suas relações bilaterais.

4. **Relações internacionais:** Analisamos as relações do BRICS com outros atores globais, como os Estados Unidos, a União Europeia e outros grupos regionais.

5. **Nova Ordem Mundial:** Definimos o conceito da nova ordem mundial e como os BRICS estão contribuindo para moldá-la.

6. **Impacto dos BRICS na Nova Ordem Mundial:** Examinamos como os BRICS influenciam o equilíbrio global de poder, a política econômica e a dinâmica geopolítica.

7. **Tecnologia e inovação:** exploramos o papel do BRICS no desenvolvimento tecnológico e na inovação, incluindo desafios e oportunidades.

8. **Desenvolvimento sustentável:** Examinamos as políticas e práticas de desenvolvimento sustentável adotadas pelos BRICS e seu impacto ambiental.

9. **Desigualdades e disparidades:** Analisamos as desigualdades dentro e entre os países do BRICS e os desafios relacionados.

10. **Conflitos e cooperação:** Analisamos conflitos e áreas de cooperação entre os membros do BRICS.

11. **Mudança climática:** exploramos o papel e a responsabilidade do BRICS no contexto das mudanças climáticas.

12. **Estratégias de Defesa e Segurança:** Examinamos as políticas de defesa e segurança do BRICS na nova ordem mundial.

13. **Cultura e Sociedade:** Investigamos o impacto das culturas e sociedades do BRICS no mundo.

14. **Instituições financeiras:** Analisamos o papel das instituições financeiras do BRICS, como o Banco do BRICS.

15. **Comércio Internacional:** Analisamos o papel do BRICS no comércio internacional e nas implicações econômicas.

16.**Globalização versus nacionalismo:** discutimos como os BRICS equilibram globalização e nacionalismo.

17.**Direitos humanos:** Examinamos a situação dos direitos humanos nos países do BRICS.

18. **Futuro do BRICS:** Exploramos as perspectivas e desafios futuros do BRICS na nova ordem mundial.

19.**Estudos de caso:** Conduzimos uma análise detalhada de estudos de caso específicos relacionados aos BRICS.

20. **Conclusão:** Finalmente, refletimos sobre o papel dos BRICS na nova ordem mundial e possíveis cenários futuros.

Para obter mais informações e recursos, você pode consultar os sites de organizações internacionais como a UNESCO, o Fundo Monetário Internacional (FMI), a Organização Mundial do Comércio (OMC) e o site oficial do BRICS. Além disso, livros, artigos acadêmicos e relatórios de pesquisa podem ser fontes valiosas para explorar ainda mais esse tópico fascinante. Este livro fornece uma visão geral abrangente dos BRICS e suas dinâmicas, ao mesmo tempo em que convida os leitores a continuarem explorando esse assunto cativante por meio de recursos adicionais.